《漓江端午划龙舟》－陆宇堃　摄

《端午走龙亲》- 陆宇堃 摄

《舞春牛》-阳锦秀　摄

《龙胜侗族祭萨》-陆宇堃　摄

《舞草龙》–阳群　摄

《侗族草狮》–吕建伟　摄

《水清好涤发》－吕建伟　摄

《欢乐的节日》－吕建伟　摄

《侗族盛宴》- 何绍连　摄

《恭城瑶族自治县石口瑶族花炮节》- 莫绍儒　摄

《龙胜黑糯节》- 阳锦秀　摄

《江头姑娘节》- 蒙代鑫 摄

《节日祥龙翻腾》- 衡建军 摄

《恭城瑶族自治县关公节民俗活动》-莫绍儒　摄

《关公节里唱大戏》-莫绍儒　摄

《龙舟上的旗手与雄鸡》- 苏韶芬　摄

《走龙亲》- 陆宇堃　摄

《灵川县大圩古镇中秋祭月》－阳成斌　摄

《恭城婆王节》—陆宇堃　摄

《节日牌灯舞起来》—苏韶芬　摄

《壮家师公舞》－吕建伟　摄

《壮家竹竿舞》－吕建伟　摄

《漓江渔火节》-封佑锴 摄

《热闹的阳朔福利五月八》- 苏韶芬　摄

《资源河灯歌节》- 吕建伟　摄

桂林历史文化丛谈

何绍连 主编

时节流转
山水密码

桂林民间节日

李肇隆
苏韶芬 等——编著

广西师范大学出版社
GUANGXI NORMAL UNIVERSITY PRESS

·桂林·

图书在版编目（CIP）数据

时节流转 山水密码：桂林民间节日 / 李肇隆等
编著. --桂林：广西师范大学出版社，2021.7
（桂林历史文化丛谈 / 何绍连主编）
ISBN 978-7-5598-3833-9

Ⅰ．①时… Ⅱ．①李… Ⅲ．①节日－风俗习惯－
介绍－桂林 Ⅳ．①K892.1

中国版本图书馆 CIP 数据核字（2021）第 101290 号

广西师范大学出版社出版发行

（广西桂林市五里店路 9 号　邮政编码：541004）

　网址：http://www.bbtpress.com

出版人：黄轩庄

全国新华书店经销

广西广大印务有限责任公司印刷

（桂林市临桂区秧塘工业园西城大道北侧广西师范大学出版社

集团有限公司创意产业园内　邮政编码：541199）

开本：787 mm × 1 092 mm　1/16

印张：16.25　插页：8　字数：230 千

2021 年 7 月第 1 版　　2021 年 7 月第 1 次印刷

定价：58.00 元

如发现印装质量问题，影响阅读，请与出版社发行部门联系调换。

编委会

前言

　　桂林，世界著名的风景游览城市和历史文化名城，在这一片神奇的土地上，生活着汉、壮、瑶、苗、侗、回等世居民族，他们和睦相处共建家园，积淀了丰富多彩的文化资源。在这些优秀的传统文化资源中，种类繁多、千姿百态的民间节日具有浓厚的地方特色，从不同的角度反映了各族人民的政治、经济、文化、宗教和风俗习惯，是优秀的传统文化宝贵遗产。

　　习近平总书记在党的十九大报告中指出："深入挖掘中华优秀传统文化蕴含的思想观念、人文精神、道德规范，结合时代要求继承创新，让中华文化展现出永久魅力和时代风采。"为了更好地贯彻党的十九大精神，进一步"寻找桂林文化的力量，挖掘桂林文化的价值"，将历史文化保护、传承、利用与旅游、生态有机融合，为桂林国际旅游胜地建设插上文化的"翅膀"，桂林市文联组织长期坚持研究民间文化的有关专家和学者撰写了《时节流转 山水密码——桂林民间节日》一书。该书较全面地描绘了桂林各民族民间的传统节日、祭祀节日、农事节日、社交节日、游艺节日的风情画卷，为桂林国际旅游胜地建设、乡村振兴提供了文化养料，为中外游客了解桂林民族民间节日文化增加了一扇窗口。我们愿为传承和弘扬优秀传统文化贡献一份绵薄之力。

目 录

春节

中华民族的传统佳节春节，起源于上古时期的「腊祭」活动。腊尽春来时，先民们就宰杀禽畜，祭神祭祖，感谢神灵的恩赐，祈求新年风调雨顺、五谷丰登、人丁康泰！旧时的民间过春节，从过小年（腊月二十三或二十四）到元宵节（正月十五）都属新年范围。

春节谣谚

正文 _ 李肇隆　　竖排山歌 _ 宁梓戈

中华民族的传统佳节——春节，起源于上古时期的"腊祭"活动。腊尽春来时，先民们就宰杀禽畜，祭神祭祖，感谢神灵的恩赐，祈求新年风调雨顺、五谷丰登、人丁康泰！旧时的民间过春节，从过小年（腊月二十三或二十四）到元宵节（正月十五）都属新年范围。在桂林，踏入春节的时间比这一说法还早两天。在桂北全州、灌阳、兴安等县，民间流传着一首民谣："二十一打主意[1]，二十二有当去[2]。二十三送灶王，二十四长工不理事[3]。二十五磨豆腐，二十六杀噜噜（猪）。二十七杀阉鸡，二十八打粑粑（糍粑）。二十九上街走（上街购买年货），三十日坐倒吃（坐着吃）。"这首民谣道出了人们备办过年事宜的忙碌状况。

民谣讲的"三十日坐倒吃"，只说明一切过年的物品都准备齐全了，其实三十日过大年这天是辞旧迎新的一天，比任何一天都要忙。这天，首先要更换门神，贴春联，家具、农具都要贴上红纸，将劈好的柴放到屋外的吉利方向，以便大年初一早晨鸣炮拿柴；其次要备好钱纸、线香、三牲供果祭拜天地、祖先，晚上迎接灶王归位；接着还要准备灯烛晚上辞旧岁；最后要备办美味佳肴阖家吃团圆饭。这就是民间的春节过年。

桂林城乡的春节民俗活动多姿多彩且有仪式感。大年初一早晨，各家主事之人手拿香烛出门，选择吉利方向烧香化纸，鸣放鞭炮，而

---

[1] 打主意，指有可以借钱的地方了。

[2] 有当去，指长工要与雇主结清账目。

[3] 长工不理事，指长工与雇主结清账后，可以离开并回家过年了。

后将头一天放好的大柴抱回家中放入火炉旁，民间称之为"五更拿财"。接着烧糖茶、摆供果祭拜天地、祖宗，家里老少见面都要拜年问好。阖家团坐火堂，都要喝杯糖茶和吃一个包糖的糍粑，表示阖家甜甜蜜蜜，团团圆圆。初一早饭全家吃素，多以青菜为主，表示新的一年，男女老少勤俭持家、平安康泰。从这日起，人们相互拜年，探亲访友。桂林有一首城乡拜年礼数的谣谚："初一仔，初二郎，初三初四拜舅娘。"意思是初一做儿孙的要在家陪伴父母，向老人拜年以尽孝道，初二要向岳父母拜年，初三就要向舅父母拜年了，因为娘亲舅大，爷亲叔大。拜了这些嫡亲后，才去拜那些旁系亲属。也有谣谚说："初一仔，初二郎，初三初四女拜娘。"女儿回娘家拜年，要给娘家长辈送一块猪肉为年礼，各家也馈赠其年粑。在这大年初一到十五元宵，民间都盛行走亲访友，吃春酒，休闲游乐。除了走亲访友、拜年吃春酒外，桂林城乡普遍开展滚龙、舞狮、玩花灯、耍拳棍、做游戏等娱乐活动，表示除旧迎新、送穷迎富、驱邪辟瘟，祝祷在新的一年五谷丰登、吉祥如意、人丁康泰、六畜平安。这就是桂林民间常说的"耍元宵"。过了正月十五元宵节，春节就算过完了，不要任何人提醒，人人都会自觉去找事做，所以桂林民间流传着"吃了元宵饭，个个找事干；喝了元宵酒，锄头刮子不离手"的民谣。

打过年糍粑

正文 _ 李肇隆　　竖排山歌 _ 宁梓戈

过年打糯米糍粑是桂林乡间最为盛行的风俗。临近年关时，家家户户都要打过年糍粑，除招待家人食用外，更重要的，糍粑是拜年的重要礼品。

桂北的过年糍粑，都要在上面盖上印花，表示喜庆和美观。所以在打糍粑前就要准备好印花模，大户人家的印花模多是请工艺师用木头雕刻而成，有的是圆形双喜字，有的是六瓣桂花，有的雕刻着芙蓉，更有雕刻"五谷丰登""恭贺新禧""金玉满堂"等艺术字样的，寓意新年吉祥如意、兴旺发达。

过年糍粑用米很讲究。先要将大糯米倒在石碓里轻轻舂一次，除去表面粗皮，接着用簸箕颠去细糠后，再将粗颗饱满雪白的糯米洗净，放在清莹的井水里浸泡一夜，使之发胀，再用撮箕捞出，滤干水，紧接着倒入底部凿有小孔、上面盖有一层有甑衣的木桶（甑子）里，加盖密封，最后将甑子放在灶锅里，生猛火蒸烹。当上面蒸腾至八成熟时，揭下桶盖，用细长的竹棍自上而下在糯米饭中插几个透气孔，再将桶盖盖好，减小火势，慢慢焖熟。

这时，负责打糍粑的后生，两个人站在洗干净的粑粑碓坎①前，每人手拿一根两头大、中间小的杂木杵槌，先是揉搓击打，见糯米饭变成糊状时，就提起杵槌，两人各一捶，互相配合反复舂打。把糍粑打得糯烂均匀，无半点颗粒，打糅得粘连如发亮的猪板油，即可用杵拌起，用力一撬便可出臼。

这时，有粑粑做得相当熟练的妇女，把木杵上的糍粑撸落，放

---

① 碓坎，方言，即石臼。

在洒有米粉的竹制小团箱内，用手搓成大小相等、每个约二两的糍粑团。另一些妇女，在撒有米粉的案板上，把糍粑团粗坯捏成圆球状，再用手在案板上一撤，变成扁圆形。小孩把撤圆的糍粑移放到冷却的另一块案板上，用雕好的红色印花盖在糍粑上，而后五个一叠，摆满案板后，再用同样大的案板覆盖其上，并压上适当重量的石头或木凳，待糍粑完全冷却后，将案板启开，一个个细嫩柔滑、中间点有印花、小碗口大的扁圆糍粑就做好了。捏年粑要心灵手巧，既要个体匀称，又要整齐美观，所以只要有一家打年粑，邻居都会来帮忙，或几家合在一起做。

打年粑除制作外，还有不少规矩。舀糯米饭时，绝对不能品尝糯米饭的干湿，第一坎打出的糍粑，首先要扭出一团供天地，一团供祖宗。一甑的糯米饭还剩最后一坎时，舀糯米饭的人将甑子端出倒在石碓坎后，要将热气腾腾的甑子往小孩的头上一扣，表示小孩蒸蒸日上、快长快大。打最后一坎年粑时，凡参加的人无论大人小孩，都要吃成一团。不吃也要自己带走，表示年有所得，来年大吉大利。

过年糍粑与平日制作的不同之处在于，除每个二两左右的小糍粑外，还要做重达八两一斤的大糍粑，名曰"团年粑粑"。这是春节拜年赠送给长辈的重要礼品。一般家里没有老人，且辈分不比馈送者大的人，是不会接团年粑粑的。而能接团年粑粑的老人，在吃的时候，也要请房族兄弟或邻居好友，一起来家中喝茶分享这晚辈送来孝敬的年礼，民间称为吃"认亲粑"，含有相互认识、互相祝福、新年愉快、万事顺意的意思。

过年制作的糍粑，品种越来越多。山区瑶寨、苗岭、侗乡除糯米年粑外，还有粟米粑、高粱粑、糁子粑、糯米芋头粑，其味道比纯糯米年粑更好。还有一种是在糯米粑中放入黄栀子液，使糍粑增添金黄光泽，这种糍粑不但好看，充满喜庆，吃起来还可清热祛火。年粑打好后，可放在案板上晾干，一般晾六七天后就要放入装水的大缸里浸泡才可保持许久。如果晾上八天不浸泡，它就会开裂，只要放在开春前的井水中浸泡，就是到次年清明从缸里捞出来，其味依然如故。所以在山区流传有"拜年拜到百草发，糍粑味道照样佳"的俗话。

兴安县溶江镇车田村委车田村民在春节前打过年糍粑－孙良德　摄

腊月过小年

正文 _ 李肇隆　　　竖排山歌 _ 宁梓戈

农历十二月二十九（月小二十八）是桂北乡村兴过小年的日子。为什么在二十九日过小年？这与山区传统习俗男主外、女主内，妇女在家庭中是主要主事者之俗有关。在山区乡村，妇女备受器重，流传有"好牛不杀肉，好女不出屋"的谣谚，就是出嫁的女儿也算半个儿子。因此一年到头，无论儿子和女儿都要与自己的母亲团圆过年，这是"养女方报母亲恩"的天礼。为了尽这天礼良心，山区（特别是少数民族）的人们就兴起了十二月二十九日母亲和女儿、女婿小团圆、过小年的习俗，如此，女儿便尽到了天礼孝道，女婿也做到了半子应尽的责任。

到了十二月二十九这天，桂北山区的村民一早起来就要把家里打扫干净。楼上地下、各个房间及各种工具都要除去灰尘，做到干干净净过年，一尘不染迎新。屋外四周和门口岩坪的垃圾杂草，不但要清除，还要弄到园里或地头用火烧掉，以示除旧迎新，也叫作"送懒迎勤"。

吃罢早饭，年轻的妇女就要回娘家接母亲来过小年（若小孩大了，也可叫小孩去接外婆）。家里的男子就要忙着杀鸡、宰鸭。山区村民过年与城镇不同，有个规矩，即要宰杀的东西，必须在二十九日杀完，年三十至新年初四都不杀生。春节后四天是安详日子，为了吉利不能开杀戒。人们在杀鸡鸭时，除了用血淋纸钱供祀祭祖先焚化外，还要将血涂在鸡笼和鸭笼门上，表示新的一年饲养家禽更加红火。

吃罢午饭便备办过小年的菜肴，别的不煮无妨，肘子、鸡、鱼这三样菜必不可少。肘子俗称团肉，表示团圆之意；鸡是吉祥之物，一年母女团圆，应该大吉大利；鱼是余钱余米，年底吃鱼迎新就是岁岁有余。有了这三样主菜，外婆见了就心满意足，小年会过得阖家欢喜、快乐开心。

过小年吃年饭自然是外婆为上，开席先饮，而后大家奉陪。喝酒不强劝硬酌，任外婆自便，吃菜就不能随外婆的意了。开席时，众人就帮外婆准备一个大碗，喝酒后首先给外婆敬鸡头，家里如果有老人、亲家，外婆要谦让一番，最后还是外婆受用。但在敬外婆吃鱼时，就不能将鱼头夹给她了，否则就会怪你取笑她，光吃老本。所以吃鱼时应夹尾巴给外婆，表示女儿女婿敬奉的全是红利。敬肘子肉时，定然选其中最大的一坨给老人，她不吃也要放在大碗里。然后每次敬奉她，她不吃的菜都要一起打包，次日送外婆回家时，给她带回去，犒劳没来过小年的外公和其家人。

外婆吃完小年饭后，就要打红纸封包，名叫"挂钱"，给外孙压岁。如果没有外孙，就要打一个封包给女儿压岁。

尽管历史进程跨入了21世纪，桂北山区和一些少数民族过小年之俗仍然如故，且过得更加隆重热闹。一些只生有女儿的老人，不但不会感到寂寞，反而觉得每过一次年，比起那些只生男孩的父母，还多吃了一个肘子肉。

小年祭灶神

正文 _ 李肇隆　　竖排山歌 _ 宁梓戈

春节踏着农历十二月廿四日零时的钟声，走入桂林的城乡。这天是桂林人的小年夜，也就是"过小年"。过小年这天，人们宰鸡、杀鸭，庆贺春节来临。这天的爆竹声，带着人们送灶王爷"上天言好事"的心愿噼里啪啦地炸响，声传玉宇。

人们认为灶神是一家之主，一家的善恶功过祸福都由它掌管，所以每年将尽，都要送灶神上天向玉帝奏明，为全家降福免灾。祭灶的仪式多由家里的长辈去操持，他们将糖果放在灶头祭祀灶神，祈求灶神"上天言好事，下凡降吉祥"。用糖果祭灶神，目的是让糖粘住灶神的嘴巴，让他甜甜的嘴巴尽说好话。除夕夜幕降临后，再放爆竹接灶王爷下凡。这是桂林过小年的古俗，现在即使是鸣放鞭炮，也仅是古俗遗存的仪式罢了。

从腊月廿四到三十，人们忙着置办年货，打扫居室内外，干干净净迎接新年。过节的传统食品种类繁多，且寓有美好的愿望：腊月廿九蒸年糕，年糕有甜有咸、有荤有素，吃了年糕年年高，新的一年生活与工作蒸蒸日上、步步高升。

除夕夜留火种

正文 _ 苏韶芬　　竖排山歌 _ 宁梓戈

除夕的晚餐，人们喜欢阖家团聚，菜肴中必有"圆子""欢喜"，取其团团圆圆、欢欢喜喜之意。这个夜晚，万家灯火，人人都在家中守岁。守岁时，要把火盆的炭火烧得红红火火，以象征生活岁岁兴旺。当零时一到，老老少少喜气盈盈，以爆竹声声迎接新年。喜炮声不绝于耳，此起彼伏，直到更深夜静，人们仍无睡意，炉火依然旺着，就是要去休息，也不会忘记把火盆的火煨好，留下火种，等明天一早燃上一盆好火。新的火种是新年财旺、家旺的好兆头。人们对火的感情如此浓厚，或许是因为火给人类带来了文明，带来了温暖吧。爱火就如同热爱自己的生命。

时节流转　山水密码　桂林民间节日

春　节

黄糖敬奉灶王爷
佑护本家送欢悦
除夕之夜留火种
红红火火总不歇

三十晚上烧禾木

正文 _ 李肇隆　　竖排山歌 _ 宁梓戈

　　兴安华江瑶族同胞，在吃罢年夜饭后守岁，有烧禾木的传统习俗。

　　瑶家过年最有情趣的是守岁。华江的瑶族同胞在吃罢年夜饭后，就要扛一根碗口大的圆禾木，塞在灶膛里烧火，把灶膛填得满满的，哪怕烟很大，也不能用斧头劈开，说是劈开就犯了大忌。因禾木与"和睦"同音，三十晚烧了禾木，全家在村上或出外办事，一年到头都会和大家和睦相处，和气生财，家业旺盛。所以禾木只能圆烧，不能劈烂。禾木是神圣之物，燃烧时间很长，横在炉膛中，有三四尺伸在火炉外，给人走路带来不便。但任何人不得从禾木上跨过，要想到火炉另一边，必须绕禾木过去。

　　禾木在炉膛燃起来后，就可在炉膛三脚架上放上鼎锅烧水。全家老小都要用这禾木烧热的水洗脚，并且一定要擦洗膝盖，说用水洗了膝盖，来年会行好运，到哪里都会得到佳肴好酒款待。又说全家人三十晚用禾木烧的水洗了脸，全家人一年都会满面含笑，和和睦睦，过得愉快开心，万事兴隆。

　　还有的山区烧枫木，说全家来年做事风风火火，兴旺发达；又说，三十晚上烧了枫木，来年养猪像风一样长得快。各民族间的风俗都有含义，而华江瑶家烧禾木的寓意不仅谐音相似，而且其意确切、高雅，显示出既高且美的情趣。

華江瑶胞有习俗
三十晚上烧禾木
千载传承有奥妙
原来禾木寓和睦

三十晚上过大年

正文 _ 李肇隆　　竖排山歌 _ 宁梓戈

农历十二月三十（月小二十九）为大年夜，也叫除夕。这一天阖家团聚，离家再远、做事再忙的人都要赶回家里过团圆年。在家的人各司其事，忙过年。大人忙着打扫家院和门户，清除旧的东西。凡是家居或牛栏、猪舍的门都贴上门神，大门两旁张贴春联，门板上还要贴年画，以示欢庆，驱恶镇邪，招财进宝。家中的犁耙等生产、生活用具上，都贴上红纸，叫作"封岁"。而后就要忙着烹制佳肴。过年菜肴除鸡、鱼两样家家都备齐外，南边诸县喜欢做扣肉，以备春节期间待客。北边诸县喜欢炖肘子，有寓意团圆之意。

妇女在这天最忙的就是做糕点果品了。桂林南边各县盛行做各种年糕、炒米饼、印子粑等。桂林北边各县盛行做油炸果品，常见的品种有三色糯米花饼、米花糖、花生芝麻糖、油炸莲花、白面花生油饼、猫耳朵、松果、小麻圆等。有的家里白天做不完，晚上守岁还要忙到半夜。

时至傍晚，菜肴准备就绪，人们便在大门口和厅堂祖宗香火牌前摆上香案，陈列酒、肉供品，焚香烧烛，鸣放鞭炮，供奉天地和列祖列宗。此外，大人还要到牛栏、猪舍边焚化纸钱，祈求新年六畜兴旺。而后带小孩到床边拜床公床婆，以示睡得安稳快长快大。

年三十，祭罢祖先，放过鞭炮就开始吃年饭了。腊月天冷，多数家庭习惯把一大锅菜肴放在火炉三脚架上吃火锅。家中年纪最大的长者坐上固定的位子后，大家便围着火炉入座。年轻人提壶，把酒先斟给老人，按次斟满后，等老人举起杯，大家才一起端杯，饮酒一樽。老人放下酒杯，用筷子挟上一块大肥肉，往火炉三脚架上每一个脚上擦抹一下，然后将肉丢进火炉膛里烧了，口中念念有词道："撑架姑娘火婆婆，过年吃块肉坨坨。天天保火火长久，柴烧越少火越多。娃仔近火你照管，火烧身上变良药……"

大家等老人把词念完，看到火塘里燃烧着的肥肉呼呼地发出红绿相兼的火苗才动手夹菜进食。凡是外祖父母健在的家庭，还要用碗夹一份好菜，用竹壳包好，等到初二拜年时，送给老人享用，以表过年没有忘记老人的孝心。

照岁，是桂北城镇、乡村曾经普遍流行的一种习俗。吃罢年饭后，家家户户便开始点油灯照岁。乡村用竹筒能做许多简易灯，厅堂、房间、楼上、走道等处处都要点亮照明，寄托招财进宝、金玉满堂的愿望。相传，以前有个张公对人宽容，遇事忍耐，一年忍让待人已达九十九次，最后一次，一仙人变做光头和尚来到他家，提出极为苛刻的要求，他非常耐心地满足了和尚的要求。结果当他走进房里安宿，房里灯火通明。张公立即进房一看，床上躺着的是个黄金铸的光头和尚。此后照岁点灯就有了个规矩：先点厅堂神龛上的灯，然后点灶房、火炉、楼上的灯，再点一盏较大的灯放在家里最长者房间，最后才点其他人的房间。这些灯要彻夜不熄点到天亮，以示迎新。

守岁，是桂林辞旧迎新的传统习惯。三十日晚，吃罢团圆饭后，家中老人就赐给小孩压岁封包，也叫挂钱。有的还专门在火塘边或火塘上放上封包，使新年最早起来烧茶迎新年的人，一到火塘边就得到封包，获得抬头见喜的吉兆。

老人散发压岁钱后，灶膛烧一大柴蔸，表示红红火火。全家围坐在火炉边聊天，或讲故事，或总结当年生产及谈论来年的打算，名叫"守岁""守年"或"接年"。此外，村里人都喜欢到村里年长者的家里坐，陪老人守岁，说是陪老人守岁一晚，可以增寿一岁。所以，三十晚上，村子年岁最大的老人家里，火炉边总是里三层、外三层坐得满满的，热闹极了。

有的人还拿着糟酒、花生、瓜子去陪老人聊天。到了半夜，主人便架上钯锅，煮上菜肴，请大家一起喝酒、吃夜宵，名叫给老人"累寿"。传说陪老人一晚，老人也会多活一岁。

节日草龙欢腾－吕建伟　摄

恭城瑶家敲打除夕

正文 _ 李肇隆　　竖排山歌 _ 宁梓戈

恭城三江地区的瑶族同胞，古时有敲打除夕的习俗。

相传，年三十吃过年夜饭后，三江瑶族同胞将圆柴蔸塞入火塘，烧一炉大火，全家围坐在旁边守岁，瑶家叫"坐田基"。一过午夜，雄鸡报晓，家家户户争先鸣放鞭炮、焚香燃烛，迎接新年到来，接灶王归位。紧接着，妇女去井泉边挑新年水，男人用棍棒在室内一见桌凳就敲一敲，一见用具就抡起棍子打一打。从堂屋大厅到各房间，都要敲打一下，意为打走一切邪恶，驱走一切灾祸。一家人在新的一年里，可以百无禁忌，逢凶化吉，万事如意。有的还拿起锄头和刮子，在屋里做刨地的模样，表示来年粮食和棉花都会得到好的收成。

恭城三江瑶族区
敲打家具过除夕
百无禁忌事如意
遇事逢凶可化吉

龙胜瑶家抬狗贺岁

正文 _ 李肇隆 　　 竖排山歌 _ 宁梓戈

抬狗是龙胜山区瑶族同胞欢庆春节的特殊习俗。

相传，远古时代，居住在高山大岭的瑶民，靠的是刀耕火种，他们种苞谷（玉米）、粟子为粮食，从未种水稻。有一只神狗看到瑶民一年辛苦只吃些杂粮，生活十分艰苦，就漂洋过海去寻找稻种。它历尽艰辛，在一个很远的地方看到一堆黄灿灿的稻种，将身子一滚，便沾满谷种，很快地跑了回来。这天正值大年三十晚上，瑶民们看见狗帮自己带回了稻种，顿时欢呼四起，给狗喂了一餐上好的饲料后，又高兴地将狗抬起，游村串寨进行庆贺。从此，瑶族同胞种上了水稻，吃上了白米饭，过上了好生活。为了纪念狗带回稻种的功劳，庆祝一年获得的丰收，三十晚上抬狗贺岁的习俗就这样一年年地传了下来，成了瑶族人民除夕之日的重要活动。

每年到了大年夜，瑶家吃罢年饭，瑶族青年同胞就用竹制的笼子装上一只狗，由两人抬着，众人紧随其后，敲锣打鼓，走村串户，向大家庆贺除旧迎春，大吉大利。

抬狗贺岁活动由寨上有组织能力、较好口才、能言会唱的人牵头，每抬到一家，领头之人就要向主人讲祝贺彩话、恭贺新禧，或用山歌（瑶歌）向主人表示祝贺：

> 三十晚上讲发财，串门送喜把狗抬。
>
> 狗进家门会发家，金银塞户门难开。

此时，热情好客的主人会燃放鞭炮表示欢迎，并拿出美酒佳肴、粑粑、豆腐等食品，热情招待抬狗的人。抬狗的人在簇拥队伍的唢呐、锣鼓声的陪伴下，通宵达旦地将附近几个寨子的每家每户走完。

除夕之夜把狗抬
感谢恩公送稻来
滴水之恩涌泉报
年年添喜又添财

这种贺岁方式增加了瑶家人民之间的亲密感，也给瑶山人民的新春佳节增添了欢乐和热闹气氛。

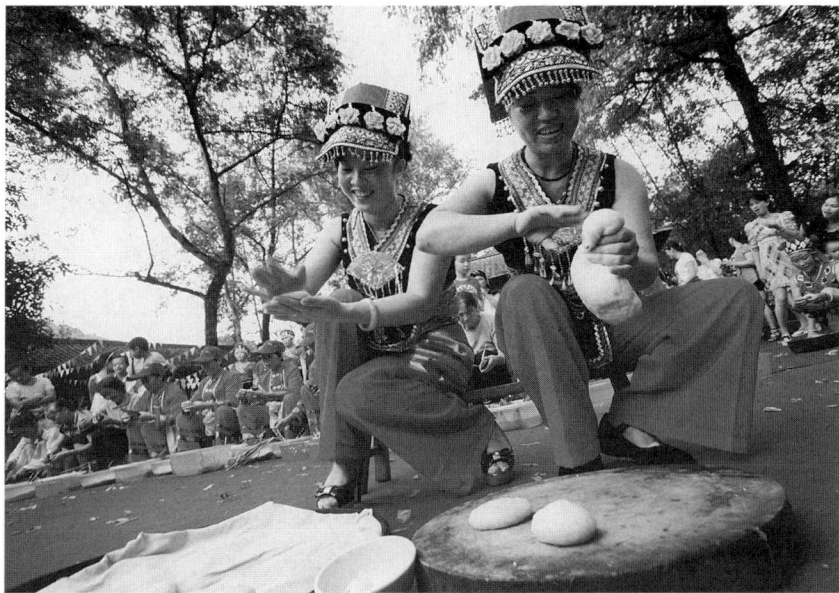

做粑粑 - 阳锦秀　摄

狮子大拜年

正文_苏韶芬　　竖排山歌_宁梓戈

大年初一清晨，接财神的爆竹唤醒了黎明。街坊邻里、亲人朋友，见面的第一句话就是恭祝新年好。春节是人们增进感情、巩固友谊的好时机，人们互相拜年，寓情于乐，回顾过去，憧憬未来，情浓意更浓。

街头巷尾，一队队拜年的瑞狮边舞边行，十分活跃，许多孩子尾随舞狮队去看狮子大拜年的热闹。狮子拜年是桂林人喜爱的传统项目，因此每到春节前夕，舞狮队会将狮子打扮一新，苦练狮子舞的传统套路。春节一到，狮子精神抖擞地舞上街头，到预先约好的人家或商店拜年。狮子走一路舞一路，蹦、闯、吼、踏、蹿等动作，被表演得惟妙惟肖。耍狮的大头和尚、大头娃娃一步三扭，逗狮的猴子调皮劲十足，狮子队的锣鼓声给桂林增添了喜气，带来了融融春意。

当狮子队走到一家商店门前，主人便点响鞭炮迎接，狮子在门前向主人行拜年大礼，领队也走上前向主人拱手作揖致新年祝福。狮子富有人情味的拜年礼、领队致的吉祥词预示商店生意兴隆，主人常常会心花怒放。这时，狮子在鞭炮声中起舞，舞出一身瑞气，舞出一身雄风。它那喜气洋洋的大脑袋、宽阔的额头、神气的大眼睛、突起的鼻子、方方的大嘴、金红色的长毛，其形象既威武又憨态，逗人喜爱。狮子刚健而勇猛，出洞、过桥，在抬头"乱云飞渡"、低头"万丈深渊"的桥上奋起神威。此时，惊狮鼓点如疾风骤雨，惊险而精彩的狮子表演惊心动魄，然后是"上下山""饮水吃青""踏星走桩""上云梯""九天揽月"等动作，狮头、狮尾配合默契。舞到酣时，又有"罗汉采青"，狮子采青后点头向观众作揖，然后理毛、理颈，颇有趣味。鼓声戛然而止，狮子从"九天广寒"直落，惊得全场哗然，待定睛看时，狮子却稳稳落在众"罗汉"的手中,正在"回头望月"。这一绝技于无声处摄人心魄,赢得了满场的喝彩声。

桂林的狮子拜年还有"猴子采青""采高青""吃地青"等多种形式。有些舞狮队的狮子,能够舞上6米多高的高台,或13条板凳叠起的高处,并在上面运动自如,逗趣逗乐!舞罢,狮子还能从从容容地沿凳而下,神态依然那么自然。当然,"吃地青"的狮子与"采高青"的狮子相比,其技巧稍逊一筹。主人把封包和青菜放在板凳上,前面还放上一盆水,狮子在吃青前要喝水,吃青后也要漱口,这些拟人动作,令人忍俊不禁。

狮子拜年,在临桂的一些乡间,还伴以祝福吉祥的狮子歌:

> 狮子头上三点黄,今日拜上贵厅堂,
>
> 恭喜主家生贵子,五湖四海把名扬。
>
> 狮子尾巴一个球,来到你家拜猪牛,
>
> 恭喜主家猪快大,有吃有穿总不愁。
>
> 狮子眼迷迷,恭喜主家多福气,
>
> 有福六畜得兴旺,有鹅有鸭又有鸡。

狮子歌千百年来流传在民间,年年春节为乡邻祝福助兴,使人们欢乐不已。

大年初一拜早年

正文＿李肇隆　　竖排山歌＿宁梓戈

　　大年初一拜早年，是敬重亲朋的重要礼仪。初一清晨相互见面，晚辈一定要向长辈道一声：拜年，恭喜发财。长辈应答不说拜年，只答：恭喜发财。如果是同辈兄弟姐妹，起床这天第一次见面时，就相互说：拜年，恭喜发财。全家起床互相问好拜年后，都要喝一杯姜糖茶，表示全家甜甜蜜蜜、和和气气。送茶的食品除花生、瓜子、油炸莲花酥条外，还要吃一个烤熟并包有糖的糯米糍粑，以示全家亲和无间。吃完这些早茶后再吃早饭，大年初一是大喜节日，但早饭要吃得格外清俭。

　　除夕三十晚过大年吃完饭后，家里的一切餐具，包括放碗的碗橱，都要认真清洗干净。哪怕三十日晚上剩下许多好菜，都不能吃，因为它是荤食。大年初一只吃三十晚上剩下的饭，其意是：家境丰厚，第二年了还吃着头年的饭，表示年年有余钱余米。大年初一清早吃的菜，一定要有青叶子蔬菜，寓意一家老少在新的一年里清泰平安。吃完饭后，除小孩外，大人都在家中闲聊休息，不能讲不吉利的话，不能打砍东西，不能打扫堂屋里的鞭炮纸屑，也不能随意出门、串门。如出门路上碰到人，无论认识或不认识都要说一声"拜年，恭喜发财"。

　　拜年最忙碌、最高兴、最热闹的就数小孩子了。这是小孩欢乐的时刻。在腊月三十日晚，他们就会得到长辈给的压岁钱，并做好拜新年的准备。旧时的小孩，除了穿新衣、戴新帽外，还要配备一根新的腰带。到了大年初一吃罢早饭后，把新腰带往腰上一系，就跑到别人家里拜年去了。村里人拜年，不分什么亲朋好友，只要是同村的，都要拜年问好。

好话一句真讨彩
新年温暖扑面来
初一出门把年拜
祝福随娃走四海

　　为了接待这批天真活泼可爱的小客人，各家各户在腊月置办年货时早早备好了糖果。有些家境较困难的，就在打过年糍粑时，专门做一批小糍粑，以备招待大年初一来拜年的小客人。这批小客人年龄都是在 5 至 12 岁之间。过了 12 岁，知道害羞，就不愿在这一闹闹哄哄的行列中了。

　　小客人一走进别人家里，就大声高喊"某爷爷奶奶，拜年了！"行过最高礼节后，就坐到炭火盆边。主人会高兴地给他们散发花生、油酥莲花、麻圆糖等。他们最为期待的就是主人馈赠的糯米糍粑。一接上这份珍贵的礼品，他们便往自己怀里一塞，离座喊一声"多谢"就走了。这些小客人因在拜年时相遇，只要走了几家就会由几个变成两三群。每到一家，走进门就高喊拜年，给各家带来热热闹闹的气氛。他们在得到礼品的同时又得到了长辈们的祝福。带着这满满的祝福，他们的成长之路增添了许多温暖。

特殊的拜年客

正文 _ 李肇隆　　竖排山歌 _ 宁梓戈

　　大年初一，除了大人和小孩在本村拜年外，还有两种特殊的拜年客人：一种是送柴上门拜年的客人，另一种是送财神的客人。这两种拜年的客人家庭都较为贫困，他们的拜年方式别具一格。

　　有的人趁大年初一人们讲究吉利时，特意到山上砍担柴禾，或将原来家里存有的柴禾，挑一担送到城镇经商开店之人的家里，说："老板拜年，恭喜发财，帮你送柴（财）来了。"老板听了特别高兴，会很客气地接待，款以美食佳肴，而后会用红纸封一个丰厚的封包馈送给送柴的人。

　　在这天送财神的客人，要做的事就复杂得多了。他们在腊月三十日前就要用宽约4寸、长约6寸的红纸，在木版上刻好一张张财神像。神像是执鞭骑虎的赵公元帅版画像，上端还刻有"招财进宝"四字。到了大年初一，送财神的人必须要两个，一个挑箩筐装礼品，一人手拿印好的财神，说吉利的拜年词。他们串村进户，一进别人家大门，就大声喊道："拜年了，恭喜发财。"接着就高声唱道：

　　　　财神到你家，富贵享荣华。

　　　　财神到你手，富贵代代有。

　　　　财神进你户，发财千条路。

　　　　财神贴上墙，金银财宝堆满房。

　　这时，主人高兴地接过财神帖。按照传统规矩，既不招呼拜年客人进家坐，也不递烟敬茶，因为他们要赶路，另走千家，只要馈送两个糯米糍粑，他们就满意了。所以在接了他们送的财神帖后，立即送上两个糍粑表示感谢，送财神的客人又随口唱道：

　　粑粑拿得多，子孙会登科。

　　粑粑拿得快，子孙都有顶子戴（官帽）。

　　说罢，拱手告辞，又去第二家了。

春节家家户户贴着春联－吕建伟　摄

新年新婚拜新年

正文 _ 李肇隆　　竖排山歌 _ 宁梓戈

桂林有些地方素有"拜年拜到百草发，腊肉糖果配糍粑"的说法。拜到"百草发"的礼俗少见，而拜到元宵节是常见的事。拜年顺次的说法通常是："初一仔，初二郎，初三初四拜舅娘。"即初一只在家向自己的父母拜年，不提礼品到别的亲戚家拜年。初二就要到岳父母家拜年了，因为女婿是岳父母的半子，所以大年初一向父母拜年，初二自然就要拜岳父母。有道是爹亲叔大，娘亲舅大。那么拜罢岳父母，就顺理成章地向舅父母和叔伯拜年了。

郎婿向岳父母拜年，又有拜新年和通常拜年之分。娶妻后，郎婿第一次到岳父母家拜年，叫作"拜新年"。岳父母家称郎婿叫作新姑爷上门。拜新年的礼俗比通常拜年要隆重得多，不但方式不同，而且礼品也不一样。

旧时，通常拜年的礼品是大年初二去时自己用竹篮带去即可。一般送给岳父母家的是24个或36个小糍粑，2个大团年糍粑，一两块腊肉，2封糖果即可。送给女方叔伯家的礼品多是18个小糍粑，1个大团年糍粑，1块腊肉，1封糖果即可。拜新年就不一样了，拜年礼品要在腊月三十日前预先送去。给岳父母的贺年礼最少要64或96个小糍粑，2对大团年糍粑。还要1至2个猪肘子，1至2只鸡，2块腊肉，叫作"三品"。糖果要不同品种的4至6包。岳父母的缝衣布料各1截，布鞋每人1双。岳叔伯父家的拜年礼，多是腊肉1块，糍粑32个，大团年糍粑1对，糖果2包。拜新年送年礼，有的是由新姑爷的兄长或弟弟用箩筐加盖装好，上面贴大红礼字或红纸，然后挑着送去；也有用木制的送礼抬盒，两个人抬着送去。帮送礼的人，到了村口要鸣放鞭炮，岳父母家里的人听到鞭炮声便出来迎接，把挑或抬的东西接过来，让送礼的人空手走在前面。到家后即递烟敬茶，备办午餐热情招待。饭后当送礼人告辞回家时，主家要送一块毛巾作为馈赠礼品。

拜新年的姑爷，大年初二要起早准备好封包、鞭炮，等候岳父母家派人来接。拜年为什么还要人接？过去的新郎，娶亲是由娶亲客去接新娘的，新郎只有在拜新年这天才第一次进岳父母的家门，来人接一是带路，二是陪伴，三是到了岳父母村里拜年时，好有人介绍亲属。

当新姑爷进入岳父母村口时，必须把带去的鞭炮点燃。离房子老远就鸣响起来。所以，过去进村用的鞭炮，起码要五千到一万响的长鞭炮，岳父家则叫人点燃一挂炮仗以示迎接。向岳父母行礼拜年、向亲戚拜年都要在鞭炮声中进行，否则就少了拜新年的热闹气氛。

新姑爷见人就满脸含笑，双手打拱，以表示向众人拜年问好。见到岳父母时，先要深深地躬腰作揖，接着左脚向前跨一步，右脚膝盖一弯向岳父母行跪拜礼拜年，等岳父母伸出双手扶，才能礼貌斯文地站起来。行完这一系列礼仪后，大家会招呼新姑爷落座在厅堂上。这时，比新姑爷小的弟弟、妹妹，晚辈侄儿等，由大人带着来认新姑爷了，新姑爷对年幼的小辈都要馈赠一个封包，名曰"挂钱"。

大年初二，凡是拜新年的新姑爷，或是娶妻几年的老女婿，因在新年第一次离家出门做客，叫作"出行"。这天的客人到哪个家里拜年，主家都要给客人举行见迎酒，如果是新姑爷拜年，这一礼节更为隆重。

迎接新姑爷拜新年的见迎酒，是指初次见面，以茶酒双礼款待接风。具体做法：岳父叫人把一张四方小桌子放在厅堂中央，四面放上四张长条凳。家庭富裕的人就在厅堂中央摆上大桌子，围绕桌子摆上八张木椅子，木制茶盘里放有六盘小食品：一盘花生、一盘番瓜子、一盘油炸莲花酥条、一盘麻圆酥糖、一盘蒸熟的腊猪小肠、一盘切成薄片的腊猪肝。把茶盘放在桌子的正中央，再摆八个杯子。每个杯子里都放有小块黄糖。一切就绪后，陪伴的叔伯或兄长请新姑爷就座喝茶。

按礼宾规矩，新姑爷要坐上席位（即厅上方的左边椅子），陪坐的叔伯坐右边椅子。虽是礼俗规定，但新姑爷必须谦让一番，不然要被人笑话，说不懂礼貌。大家入座后，坐在厅堂下方左边椅子上的人，是陪客执壶把盏的，他就起立提起茶壶斟茶。首先向新姑爷斟茶。茶斟好了，就礼貌地请大家吃茶盘里盛着的小吃。

喝茶两杯后，侍茶陪客的人就把茶壶、茶杯撤下，换上酒杯。新姑爷见此厚礼，明知道是铁定的规矩，也要说一句："岳父大人，请免礼了。"以示谦逊。陪伴的叔伯则说："初来蔽庄，无所敬意，一杯薄酒，略表洗尘。"桌上杯子全斟满后，叔伯说："贤侄婿新年注礼，来蔽庄拜年，一路辛苦，一壶薄酒洗尘，你是攀枝摘贵之人，那就祝你六（禄）位高升，喝六杯罢！"

这时，新姑爷就礼貌地回话说："多谢岳父母大人的器重，叔伯的爱护，晚辈不知礼仪望多多包涵。既然岳父注礼，那我就祝岳父和叔伯家富贵双全，我们就喝一双①罢！"

旧时的这种言来语往，总要轮说几回，然后多半是喝一双酒。喝酒时，陪客的人总是要主张一口饮尽，说："你是客人，该饮明饮

---

① 当地敬酒习俗，敬酒一般要连喝两杯酒。

明^①!"

客人则说："敬喜大人，家兴财厚，我是尽量了，都是吃不完，用不尽!"

各述吉言，气氛热烈。言定的杯数喝够，就要收壶撤席，客人的酒杯是不能喝完的，离席时要说："感谢大人厚礼款待，这酒给大人进财了。"见迎酒就此结束。

中午，岳父就要举行盛宴招待女婿，凡是女婿年前送了礼的叔伯亲戚，都要请来作陪。盛宴的菜肴除鸡、鸭、鱼外，最重要的是猪肘子。因为在桂北人的心目中，猪肘子是团团圆圆、永结合好、团结不散的象征。宴席上陪客的叔伯说女婿如半子，应常来关照岳父母和叔伯们，月月来往，提出喝十二杯的酒令。

吃完这餐饭后，女方亲戚都要轮流请新客吃一顿新年饭，虽然菜肴没有岳父家备办得那般丰盛，但那个团肉猪肘子^②也是少不了的。亲戚们都请完饭后，新姑爷告辞回家，这时，新姑爷要请岳父和叔伯一起到家里来认识寒舍。应邀的岳父和叔伯就会欣然同往。因为既可送新姑爷回家，又可对新姑爷的父母进行探望和回敬。新姑爷离开回家时，岳父家要鸣放鞭炮欢送。

拜新年除了初一拜父母、初三拜舅父母外，凡是有来往的远亲也都要去拜访，表示情义连绵、长走不散。

桂北拜年送礼，在客人告辞回家时，主家要"回篮"（将客人带来

---

① 当地敬酒习俗，敬酒要喝干为敬。饮明即喝干。
② 团肉为切成方形、重约三五斤的块状猪肉。为新姑爷拜见岳父母的必备礼品。

装载礼品的篮子给他带回去）。一般对送来的小糍粑，回赠少许即可，果品可以收下，那块腊肉和大团年糍粑，接收还是不接收，就要看来客的家里情况了。客人家里父母俱在，论辈分又大过主人家的老者，那送来拜年的大团年糍粑和腊肉是不能接的，如果接了就有失尊敬长者的体统。

此拜新年礼俗，虽然随着时代的进步有所变化，但在一些桂北农村仍然流行。

苗家龙狮贺新年

　　居住在资源县车田、两水一带的苗族同胞，不仅能歌善舞，而且特别喜爱舞龙舞狮。每到新春年节，苗家的能工巧匠就忙着购彩纸、砍竹篾、批狮子、做龙灯。

　　大年初一，苗家寨子人声鼎沸，锣鼓喧天，鞭炮炸响，龙腾狮舞，昼夜不歇，把苗家哄闹得一派欢乐。

　　到大年初二，龙狮队也不再满足在自己的村子自娱自乐，开始走村访寨，到邻村寨子去拜年。自此，每天时近傍晚，就有牛皮大鼓在寨子中隆隆敲响，龙狮队的人听到大鼓的声音，就会迅速地赶来，大家聚拢一起，先在自己寨子中心舞一阵，然后浩浩荡荡离寨出村。

　　队伍前面，由牛皮大鼓与特号铜锣"咚咚喤，咚咚喤"猛摆重敲着，走在最前头报讯，唢呐队、民乐队吹吹打打，引导龙狮队前行，接着牌灯、社灯护龙拥狮，其后是八大神仙、唐僧四师徒压阵。火箭灯以及鸡、鸭、鹅、鱼灯等成群结队。在夜行村道上，一盏盏绚丽耀眼、色彩斑斓的游灯相映生辉。彩灯时而盘山绕路，犹如金蛇行水；时而上岭下坡，活像蛟龙腾云。

　　狮子龙灯每进一个寨子，迎接的人都聚集在寨口燃放鞭炮，鼓掌欢迎。队伍进寨后，报讯大鼓在寨中坐镇立坛，龙狮便在寨中巡回下户进家拜年，恭贺家家新年幸福，人人万事如意。

　　拜完年后，龙狮队回到寨中央进行一次精彩的表演，苗家称这种表演叫"耍大堂龙狮"。每到此时，四面八方的观众都欢聚在一起，大饱眼福。苗寨"大堂龙狮"有文武之别。"文武龙狮"以耍故事为主，但围观的人在看得激情高涨时，便借龙狮贺岁作歌吟诗，各显文采。其中，别有情趣的当数狮龙联合带有杂耍技术的"耗子梁上过，猫儿

大堂龙狮耍起来
有文有武展雄才
苗家儿女花添彩
谈情说爱有平台

地上腾"表演了。场地上平摆两张相距4米的八仙桌，每张桌子叠放36张二人条凳，再用竹篱横空架于两桌之上。狮子在宝灯的逗引下，小心翼翼爬上条凳，横过竹篱，既惊险又精彩，此种调法叫"耗子过梁"。与此同时，在锣鼓声中，长龙盘绕着两张八仙桌翻腾狂舞，把高架的八仙桌和条凳捧入高空，这叫作"猫儿腾地"。"武式龙狮"除耍完故事外，还要表演一场苗家祖传的刀、枪、耙、棍、长矛、短剑和手拳等武术和气功。

如今的苗家为满足观众娱乐需求，一改旧习，在表演时文武合一，既满足大众观赏，又利于提高文化水平和达到强身壮体的目的。

苗家传统的春节舞狮舞龙习俗，历史悠久，世代承袭。一则用这种方式庆贺新春佳节，相邻村寨借此互来互往、增进友谊、和睦相处。二来通过村寨相互间舞狮舞龙拜年，可以使那些未婚的"妮姆徕"（苗语"姑娘们"）结识龙狮队里潇洒的"妮谍徕"（苗语"小伙子"）。特别是在龙狮表演完后，"妮姆徕"就会把在表演中自己留意的客人挽留下来，借此倾吐爱慕之情。不少苗家伉俪就是通过这种传统习俗的纽带，连缀而成百年之好的。

春节

苗家新年闹赛锣

正文 _ 李肇隆　　竖排山歌 _ 宁梓戈

资源苗岭山寨，过年最有趣的要算闹赛锣了。

苗岭山村的锣鼓特别多，几乎每个家庭都有一套，其中有小鼓、小锣、小钹、大钹。这些响器，除了红白喜事，平常是不许乱敲打的。要想过敲锣瘾，只有到腊月廿四家家户户送灶神才可敲打。

苗家过年闹赛锣，从三十晚吃完团圆饭便可开始，但真正的高潮在破五（正月初五）之后。入夜，各家吃罢年饭后，就有人带头集中村里的锣鼓，有的还备有龙狮。大家成群结队敲锣打鼓，沿着乡间小道，一走进村子，便在村子中心的地坪上猛敲一阵，这叫"投石问路"，村里的人听了，便家家户户出来鸣放鞭炮迎接。这时，赛锣队敲着锣走进各家各户祝贺除旧迎新，龙狮队在主人家里舞一阵，主人便将大把的瓜子、花生、糖果塞给赛锣队的人，而后也提着自己的大锣跟着赛锣队伍。这样穿户过巷，滚雪球似的，使赛锣队伍越滚越大。待全村或相近邻村的锣鼓都集中起来后，便在一个宽敞的场地上烧起几堆大火，两个或几个村的队伍摆开阵势，赛锣便开始了。

赛锣有一套特定的程序。首先打鼓，用鼓点为比赛双方和节奏，所有队伍一起打击欢快的旋律。紧接着，各队就换打不同花样的节奏，如此拉锯似的轮番多次演奏，敲打得流畅明快、节奏强劲的为获胜队伍。之后，便进入混战阶段，此刻全场变成了大锣的天下。大家手握锣锤，拼力敲打大锣，不讲节奏，不求旋律，一个劲猛敲，只求自己的锣声盖过别人的。千锣争鸣，万众欢呼，隆隆的锣声有如惊雷炸响，地震山摇。近听如山岳崩裂，远听如春雷滚地。再加上鞭炮齐鸣，人们欢笑呐喊，声浪一浪高过一浪，直闹得夜鸟惊飞、牛羊欢跃。人们忘却一切，全身心投入高昂轰鸣的锣声中。最后，大家评议，以

苗家过年闹赛锣
村村峒峒好活跃
看谁能把惊雷炸
锣声最响把冠夺

锣声最洪亮、盖过别人者为胜。

　　乡亲们说，闹赛锣最热闹的是改革开放的春风吹进苗寨的时候。那是个不平凡的日子，那年，苗家为庆祝丰收，正月初八日晚上，几十面大锣在球场举行擂台开赛，几十个回合战罢，已是旭日东升，但锣手们仍酣战不休，有些锣手将手中的锣锤敲掉了一半，仍不肯休战，还使劲地敲着。在他们心中，赛锣就是释放欢乐，表达对新年的期盼。

春节

灌阳瑶家贺年酒

正文 _ 李肇隆　　竖排山歌 _ 宁梓戈

灌阳县水车江塘村的瑶族同胞，每年年底都要集体举行一次贺年酒。

腊月二十三送罢灶王后，每户出大米两斤，交给头人①酿酒。到了十二月二十九日，每户要出猪肉半斤、豆腐两块、蒜苗一根，并派一个男丁参加酒会。

酒会前，要供奉祖先，完毕就入座开席。酒会进行时，礼节甚为隆重，有人"唱礼"，开头唱"提壶"，等大家的酒杯倒满，就唱"清酒"，在饮酒之前，都要说唱一件吉利的事，如唱"丰收酒""人口平安酒"等。

喝完十杯酒，之后就不再唱礼，各席可以自行酌饮。

如果这年有谁家养了小孩，添丁增口，在大家饮酒时，家人就抱着孩子，并带上一壶酒、两块豆腐和一块猪肉，向大家贺岁、拜年。并且代孩子说话："我家××向众位爷爷、伯伯、叔叔问好，拜年了！"

过年啦－俞梅　摄

---

① 寨子里相关节庆活动的主要负责人或者组织者。

灌阳江塘贺年酒
风味独特传承久
谁家添丁敬长辈
小孩从此名分有

拜完年，把以小孩名义奉送给大人们的贺岁礼品留下后，家人抱着小孩回去。小孩经过这样的拜年，拜见了各位长辈，意味着得到村民身份的确认，以后村子里分资产，比如开山分树木、青竹等，小孩才有份。

如果有人结婚多年还没有小孩，那家的男人就会被捉到酒会上来被打屁股，当然只是用手轻轻地拍两下，而且一边打一边说："打你屁股你活该，望你明年生小孩！"打完后，向他敬酒三杯，祝他早生贵子。

春节

龙灯拜年

正文 _ 苏韶芬　　竖排山歌 _ 宁梓戈

　　桂林的许多村子至今仍保留着春节龙灯拜年的习俗，他们谓之"出龙灯"。出龙灯是较有影响的年俗活动之一。

　　有些村子历史很长，甚至已逾千年。位于桃花江上游、明朝时从江西迁来桂林的一个村子里，仍保留了古老的耍龙灯套路。

　　出龙灯的村子在头年的春节就达成共识，大家出钱出力，先是"请龙"，也就是请民间工匠用竹篾扎龙灯。龙头用竹条扎成骨架，糊上黄色棉纸，涂上各种颜色后，一个有角、有嘴、有眼、有胡须，形态逼真的龙头便出现了。龙身各节用细篾扎成圆筒形，龙尾亦用细篾扎成鱼尾形。牛皮熬成的牛胶将黄纱布与龙头、龙身、龙尾牢牢粘连起来，并在龙头、各节龙身、龙尾内点上蜡烛灯，一条金角黄龙就做成了，只是龙的眼睛还要用红布蒙着。大年初一，村里人选一良辰为金角黄龙举行画龙点睛开光仪式。这个仪式由村里德高望重的人来承担。

　　仪式中，要用雄鸡、糖果、水果为祭品。开光时边做仪式边说彩话："一点左眼亮晶晶，二点右眼吉星星，三点龙王开光风调雨顺，四点保佑国泰民安天下永太平。"然后在喧天的锣鼓声中开始游龙，一条长约35米、闪耀着金光的龙灯在夜间游弋，向各家各户送去祝福，龙灯如长龙翻腾，引来阵阵鞭炮声。人们祈祷龙灯给大家带来好运。

　　走完各家各户，龙灯来到村中最为宽敞的地方进行舞龙，舞龙的小伙子们使出浑身解数，在鼓声和鞭炮声中把龙灯舞得活灵活现，宛如龙临大地，畅游四海。只见那金龙向东南西北方打开四门，接着是龙游四海，舞龙头的小伙擎着龙头率领长龙开始转圈，圆圈由大到小，脚步由慢渐快，舞出了龙行五步百草生的威风，显示出龙神至高无上的尊贵，当龙跳五福时，耍龙灯的动作有金龙下海、金龙抱柱、金龙翻身、金龙过海、金龙腾云等。这时，眼前的金角老黄龙是人们心目中的图腾，人们在福禄寿喜财的祝福中领略到中华文化的博大精深。

金龙一阵狂舞罢，开始慢慢地洗沙、赶鱼、寻找龙珠，一系列动作完成后，金龙不负众望得宝珠而归。一群小鱼虾、蚌壳围着金龙游走，它们时而游玩，时而嬉戏，整个场景犹如一个水族世界。全村男女老少度过了欢乐的龙灯之夜。出龙灯在本村游龙向众人拜年后，从初二到十五（初七不出龙灯），200多人的龙灯队个个身穿白衣白裤、腰扎红绸带，在鼓锣的引领下，组成金光闪耀、长龙蜿蜒、鱼灯活泼、牌灯恢宏的龙灯队，气势雄壮地在周边的村子进行拜年，每到一处，村民们都扎好彩门、燃放鞭炮迎接龙灯队的到来。当龙灯经过家门时，村民们都敬上四炷香，献上红绸带，祈祷龙神的保佑，感谢金角老黄龙上门拜年。

完成了各种拜年仪式的金角老黄龙要"回龙宫"了，人们给它举办一个收官仪式。出龙灯的村子在选好的收官的日子里，全村和周边村的代表一起相聚、共进晚餐，入夜后龙灯开始举行游龙、舞龙灯等一系列活动，而后举行将龙送归大海的化龙仪式。仪式在小河边进行。化龙时，把龙放在地上，并将鱼灯、虾灯、蚌壳灯、装饰牌灯上的花等都放在一起，众人把事先准备的花筒炮、烟花和鞭炮等点燃直对龙身喷去，待火把龙的一切都燃烧完后，众人"啊"声连天，接着尽情跳跃一阵，再将灰烬送入水中，意为"龙归大海"，来年再请金角老黄龙驾临。

龙灯拜年的活动虽然结束了，但人们在龙灯带来的祝福中有滋有味地过着每一天，在龙灯拜年活动当年出生的男孩都取名龙生，次年出生的男孩，名字中也有"龙"字，他们与龙有着不解之缘。

随着时代的变化，出龙灯民俗也与时俱进，舞龙并不仅仅为了人丁兴旺，也是农村营造和谐新风的一项活动，更是人们交流情感、增进和睦关系、保护本地传统艺术的一个举措。因而春节出龙灯成为一道亮丽的风景，深受大众欢迎，一方面增添了节日的热闹气氛，同时也满足了人们祈求生活吉祥如意、事业蒸蒸日上、祖国国泰民安的愿望。

元宵节

正月十五日是「上元节」，即上元三官大帝中，上元赐福天官紫微大帝的生日，俗称「元宵节」，又称「灯节」。每年正月十五，全国各地的百姓都要向天官祈福，设香案祭拜，而后开展众多娱乐活动。

正月十五闹元宵

正文 _ 李肇隆　　竖排山歌 _ 宁梓戈

正月十五日是"上元节"，即上元三官大帝中，上元赐福天官紫微大帝的生日，俗称"元宵节"，又称"灯节"。每年正月十五，全国各地的百姓都要向天官祈福，设香案祭拜，而后开展众多娱乐活动。桂林市各县志书对昔日民间开展的元宵活动和礼俗都有记载。

康熙四十八年（1709）《荔浦县志》载：元宵自初十至十六，各悬一灯，选清秀孩童艳妆女子，携茶篮，唱彩茶歌，或演故事，赛龙灯，嬉戏为乐。

乾隆三十年（1765）《全州志》载，元宵，悬灯于庭，乡市各作龙灯，往来以为戏。为龙者，龙属木，所以达少阳之气。又，或以童子扮走马好女，联臂踏歌，多采茶歌，俗谓"逻灯"。

清道光年间《修仁县志》载：十五日，上元节。自初八至既望，民间竞尚龙灯，或令童子改装女郎，各持彩灯踏门欢唱，笙歌之声喧街达旦，名曰"闹元宵"。

清光绪十年（1884）刊本《平乐县志》载：十五日为"元宵节"。礼神祇，祀祖先，以粉制团，以糖为馅，加糖水熟之，曰"汤圆"。圆元叶音，取"元宵"之意也。自"元旦"至"元宵"半月之间，亲眷担载咸甜糕糍、果饼之属，加之以腊肉一方，及烹熟大肥鸡，剖其中为二，于翼腋间横断，取其下截腿股之一边置诸品物上，肩而往以相馈，曰"送年礼"。肉与鸡虽非贵重礼物，盖以敬老，非至亲尊长不敢受也。答礼必以整条之蔗，邑人呼为甘蔗，取其甘而有头有尾也。眷酒宴会，以亲友中于上年结婚之新夫妇为重要来宾。当此，春日多暇，少壮丁男昼则舞狮，表演武艺，夜则舞龙，大放光明，聚而观者若堵墙。锣鼓镗镗声，爆竹砰訇声、卜昼卜夜、震耳欲聋，至十六日而休止焉。

正月十五闹元宵
龙灯狮子乐陶陶
吃了汤圆发奋干
过了银路架金桥

民国十八年（1929）石印本《灵川县志》中记载，元宵诣各神庙进香，或以舞狮游龙之戏，所至之村，皆供以牛烛，或设馔燃爆欢待之。元月内，各至戚密友均往来相贺，互以礼物相送。

民国二十四年（1935）铅印本《全县志》载，元宵张灯、裁、剪纸，鱼龙、花鸟以为戏。以童子扮好女，联臂歌采茶，笙箫鼓乐前导，在城者遍游街市，在乡者遍游村邻，邻村必备酒食、烛炮以迎之，谓之"闹元宵"。

从各县志中看出，元宵节在城镇各地都遵照传统习俗舞龙狮，悬挂各式各样的彩灯，演戏、唱跳采茶歌舞。旧时在乡村，除家庭较富裕的到城里买彩灯悬挂外，一般人家就用油灯照明，且各个房间都要把灯点亮。元宵节这天还要举行隆重的早茶祭天地祖宗，晚餐共享元宵饭。正月十五元宵节之所以在城乡都很隆重，除了这日是新年第一个十五，是我国历史上传承下来的民间最盛兴的节日外，更重要的是，新年伊始人们由初一到十五，经过半个月的欢庆活动，走亲访友贺年完毕，加之当时季节开始立春，一年的耕作需立即进行。所以，桂北地区广泛流传着一句俗语："吃了元宵饭，个个寻事干；喝了元宵酒，锄头刮子不离手。"过了元宵这一天，春节的礼尚往来就结束了。此后，再到亲戚家里就不需再喊拜年，不是特别的喜事，也无须带什么礼品了。

元宵早茶

正文 _ 李肇隆　　竖排山歌 _ 宁梓戈

桂北地区过春节，农村家家户户都喜欢打糍粑，俗称"拜年粑"。元宵节吃糍粑是桂北元宵习俗的一大特色。

糍粑的吃法多样。一种是用铁锅，在锅中放少许油，把糍粑放入锅中，用文火慢慢煎软，等糍粑受热软化膨胀时，放少许糖包拢，稍煎一会，待糖融了，铲出来即可吃。

另一种是烤熟吃。农民多数家里有烤糍粑的铁架，这些铁架有铁匠打的，也有自己用粗铁丝做的，是一个长方条形、有四脚支撑的架子。烤糍粑时，将铁架放在炭火盆上，再把要烤的糍粑放在铁架上。因铁架有脚支撑，离火有一定距离，故糍粑放在铁架上不会被烤焦。经几次翻面烘烤，糍粑就会烤软膨胀起来。这时将糖往糍粑里一包，再稍烤片刻即可吃了。用铁架烘烤的糍粑不油腻，有烧烤的烟熏味。

还有一种吃法，就是山里同胞至今仍保持的节日习俗，元宵晨起煮甜酒糍粑。每年元宵节，家家户户的家长们早晨起来，烧茶供奉天地祖宗，鸣放鞭炮，焚化香烛纸钱，供奉完毕，收拾香案供果后，就要煮上一锅甜甜的元宵早茶——甜酒糍粑。

甜酒糍粑的煮法十分讲究。先要将锅洗刷干净，不能让锅带一点油，把锅放置火炉上后，放上清水；再将适量的糖放入水中煮沸，如是黄糖，待水沸后，浮在水面上的杂质要用瓢清除干净；再将洗净的糍粑放进锅中，煮至锅中的糍粑松软，稍能在糖水中浮起时，即可将甜酒放入锅中。

煮甜酒糍粑用的甜酒，最好用冬酒。因这种酒是在立冬后用上好的大糯米、自制的甜酒饼药和冬天的井水酿制，酒成三天后舀进大海缸，将海缸口密封保存了两个月以上。它不仅甜，米粒膨胀不糊，而

元宵佳节喝早茶
最爱甜酒煮糍粑
民风淳朴先敬老
头碗先敬老人家

且有浓浓的香味。将冬酒放入锅中，只需用瓢轻轻一搅拌，糍粑浮起来，即可抽薪停火。这样煮出来的甜酒糍粑不糊不烂，汤水清亮，色泽好，甜味爽口浓郁。

第一碗甜酒糍粑一定要敬最年长的老人，如要先敬爷爷、奶奶，再敬父母亲，而后给小孩，再给中年人。

吃甜酒糍粑，寓意一年劳动的开始，亦是全家齐心合力生活的开始。

元宵燃灯

正文 _ 苏韶芬　　竖排山歌 _ 宁梓戈

正月十五之夜，桂林城火树银花，万家灯火。

昔日桂林的元宵节，从正月十三日起有龙灯出游。龙灯走街过巷，连游三个晚上，所到之处，家家燃放鞭炮，焚香点烛，祈求龙灯带来吉祥如意。龙灯出游时还有各种笙箫鼓乐，高跷、牌灯、鱼虾等水族动物彩灯、锣鼓棚等一起涌上街头，形成一支浩浩荡荡的龙灯游行队伍，景况十分壮观。节日的夜晚，万家灯火彻夜长明，和飞舞的龙灯相辉映，把桂林点缀成一座不夜城。

现在，桂林的元宵夜仍保留着燃灯的习俗。每逢元宵之夜，登高远望万家灯火，此情此景令人心旷神怡。闪烁的灯光汇成一条灯河，犹如天上银河坠落凡间。那灯光或宁静、或流动，闪耀在高大的建筑物上，开放在绿叶丛中，使桂林的夜空灿烂辉煌。此时家家的厅堂、房间，所有的灯都闪闪发亮，阖家坐在灯下吃着桂花糖心元宵、花生芝麻元宵……那甜丝丝、香喷喷的传统食品，使家家户户都沉浸在节日的欢乐中。"除夕的火，十五的灯"，这是桂林民间流传的一句谚语。除夕的火盆红红火火，而这十五的灯呢，想必也与"火"紧密相关，同样是对新年寄予一种希望吧。

元宵节

元宵火树伴银花
鼓乐笙歌奏琵琶
不夜城中星点点
万家灯火颂中华

清明节

桂林的清明节习俗，因桂林山水的旖旎风光而显出自己的特色，既体现了节日的社会民俗性格，也体现了文娱、体育的民俗特点。

慎终追远　祭祖踏青

正文 _ 苏韶芬　　竖排山歌 _ 宁梓戈

　　每逢清明节前后，通向桂林尧山路上的人流络绎不绝，他们或上坟祭祖，或在这个春意盎然的时节，到著名风景区尧山踏青。

　　为了表达慎终追远、感怀祖先的恩德，人们在清明节上坟祭祖。节前三天和后三天，为上坟的日子，民间认为此时动坟"百无禁忌"。那些带着三牲（鱼、猪肉、鸡），脸带悲伤的是去上新坟；那些只带些点心、水果等食品的是去上旧坟。上坟的人们都少不了要带上纸钱、爆竹和整修坟墓的工具。他们到了墓地，先修整坟茔，修整完毕，锄泥块，把纸钱压在坟顶，作为已上坟的标志。接着在坟前摆上一应供品，然后子孙们在坟前跪下磕头，表示对祖先的悼念。祀毕，鸣放爆竹、焚化纸钱。

　　清明前后，桂林总会有雷电交加大风呼啸的时候，人们都说是孝子广福王为他母亲上坟来了。广福王是桂林本地神，乡人在清光绪年间手抄的傩神书上唱道："广福王来广福王，住在临桂好西乡，西乡有个两路口，两尾滩头立祠堂。"可见清明祭祖习俗由来已久。清嘉庆版《临桂县志》卷八《舆地志·风俗》对清明风俗有这样的记载："清明祭墓，供乌米饭。"乌米是当地种植的一种产量不高的大米，乌米酿制的酒，可以补气血，平常并不以此为主食。清明用乌米饭祭墓，饱含着人们对祖辈的深情。如今时过境迁，乌米饭虽为现代食品所代替，但清明祭祖的风俗却代代相传，从未间断过。

　　上坟后，人们手中的提篮都是空的，这是因为上坟的祭品不能带回家，这是清明节上坟的一个规矩。

　　清明时节，草木繁茂，尧山杜鹃鲜红似火，令人赏心悦目。柳亚子先生在《题〈尧山图〉兼示琴可·白风》这首诗中盛赞尧山的春色：

时值阳春好时辰
莺飞草长正清明
三牲香烛篮里放
郊外陵园祭宗亲

　　"好是西南春意苗，尧山红遍杜鹃花。"诗中提到的尧山，横贯桂林市东郊和灵川县，历来是著名的风景区。它南北走向，常年绿树成荫，树木葱茏。其主峰突起，两侧逶迤，山势雄大，巍然磅礴，与城中四周的挺拔青峰风景相异。春季攀登尧山，常使踏青的人们流连忘返。

插柳节

正文 _ 李肇隆　　竖排山歌 _ 宁梓戈

桂北民间流行一句节日俗语："清明不戴柳，死了变黄狗。"

清明插柳的习俗在桂林民间流行广泛，源远流长，据说从唐代就有了，到清末民初在桂林还很盛行。据灵川民国十八年（1929）县志记载："清明，沿户插柳。"可见当时民间插柳之风遍及城乡。

全州有县志记载："清末民初，兴于是日（清明）插柳，妇人以柳叶插髻上；儿童编柳叶帽戴头上。"这种插柳风俗，不仅在汉族民众中流行，就是在全州瑶族居住的东山和蕉江民众中，插柳风俗也很讲究。

历史上，每年到了清明那天，各家都有人到江边或井沿边摘回一把柳枝，家里的男子都会从柳枝上摘下鲜嫩的叶芽，插在上衣的口袋或纽扣上；女的则把鲜嫩的枝芽插在发髻间，以示祛灾长青，春色不老；有小孩的家庭，父母会用长长的柳枝编成圆圈，状如凉箍帽，给儿童戴于头上，以示骨硬清凉，避暑驱邪，快长快大。此外，大人还在这天，采柳枝插在江堤、井边和水田的陡壑之上。古诗有云："有心栽花花不开，无心插柳柳成荫。"柳树最易成活生长，插在江堤上可以固土护堤，且会岸柳成行，柳丝如絮，给江堤增添江水清清柳丝绿的田园景象。

而今插柳节习俗在桂林民间虽然淡化，但到了清明时，不少老人还喜欢讲起那"清明不戴柳，死了变黄狗"的民间谣谚。

清明春色新
插柳柳成荫
谣谚不离口
良俗记在心

清明粑粑

正文_李肇隆　　竖排山歌_宁梓戈

　　清明节吃寒食，历史悠久，其风俗广为流传。桂北地区的寒食多以粽粑为主，就连居住在桂林城里的市民，在这天上坟扫墓，或到城郊踏青春游，所带的冷食仍然是粽粑。故有趣话说："借问粽粑何处有，花桥底下鼎锅中。"生动讲述了清明节外出买粽粑的去处和情景。

　　离桂林市区不远的灵川县，当地百姓做的清明节粑粑就与众不同。他们做的清明粑粑，做工考究，滋味醇厚，堪称一绝。

　　在做清明粑前，主妇要到田野上采集白头菌，选花朵金黄且茎叶肥嫩的洗净晒干或烘干，再用碓舂成纤维粉。糯米要用温水浸泡一小时左右，捞起来沥干，把它磨成粉，再过两道筛。把一份白头菌粉和入两份糯米粉，加入少量温水，轻柔快搓，把两种粉融在一起，搓成粉团，干湿适度，再用毛巾盖好待用。

　　特制的清明粑，特别在于馅心。馅心有咸馅和甜馅。咸馅用料有五花肉、春笋，切碎后拌上虾米，加盐放油用锅头炒熟。甜馅，用料是把黑芝麻炒香，与黄糖捣在一起，再倒入碓内舂成粉团，即可为馅。还有一种咸甜相兼的馅心，其料为将肥腊肉蒸熟，切成小方块，拌入白砂糖即可。

　　糯米和白头菌粉搓和二十分钟后，发出芳香时即可制作。先取鸭蛋大小的一碗粉球，捏成小碗状，将馅放入凹内，再捏拢，揉圆，外用荷叶或芥菜叶包裹即成。

　　在烹饪时，无论鼎锅还是竹蒸，都要蒸透，所以在上锅起火烹蒸时，务必要用大火猛攻上汽，然后用文火再焖蒸半小时左右使之熟透，此时蒸气四溢、香甜扑鼻。这种清明粑香甜可口，甜而不腻，油而不滑，柔软适度，冷食最佳。

清明祭祖感恩泽
粑粑制作讲规格
桂林接壤灵川县
清明粑粑展特色
咸甜相兼馅心有
众口能调供选择

清明粑做好后，不仅用以祭祀，还要孝敬老人，这一习俗至今在民间还很兴盛。

春粑粑－韦重杰 摄

清明踏青赶鸟

正文 _ 李肇隆　　　竖排山歌 _ 宁梓戈

　　在恭城瑶乡，清明节有一种与别处不同的习俗——踏青赶鸟。相传这种习俗是从教导儿童踏青健身、御瘟祛病的故事传承下来的。

　　据说，南宋年间，瘟疫爆发。恭城北山山沟岭脚的瑶民缺医少药，备受其害，民间流传着一首民谣："腊月八，瘟鬼发，十个孩童九个睡，坐着一个眼不刮①，三十晚上过不安呀，大年初一哭娃娃；多少人家肝肠断，二月田地不想挖。"患病的多是孩童，一病就懒动嗜睡，四肢无力。大人眼看着患病的孩子坐着想睡，睡下就懒起，越睡病情就越重，心里焦急万分。

　　在缺医少药的年月里，瑶民只能让生病的孩子到户外活动，发汗治疗，用意志去战胜疾病。到了清明，大人便筹划带染上病的儿童一起上坟扫墓。于是，家家都做色香、味道好、有清热解毒功效的艾叶粑，并把这种粑粑当作寒食和祭祖供品。寨子里不管谁家小孩，只要他高兴就鼓励他去上坟扫墓，吃艾叶粑粑。到了山上，大人为了让孩子们发汗祛热，就叫孩子们高喊着"赶鸟仔，赶鸟仔"，只要他们一喊，祭祖扫墓的人就发给他们艾叶粑。这一做法让孩子们觉得有趣、好玩，一连几天，孩子们成群结队，跟着大人在山上踏青赶鸟。满山遍野荡漾着孩子们"赶鸟仔"的呼喊声，不光给清明扫墓增添热闹和生气，还使患有小病的儿童不知不觉病就好了。从此，瑶山清明节，慢慢形成了"踏青赶鸟"的习俗，而且越来越盛行，一直传承了下来。

　　现在有瑶医解释，古时传下来的清明踏青又叫踏春、踩春。这对人，特别是病人大有裨益。"春意"使人欢乐，"野气"能益气，作用

---

　① 瑶族方言，眼睁不开的意思。

要吃粑粑得赶鸟
引得儿童到处跑
恭城瑶乡好办法
跑来跑去病痛少

于神经末梢，调理大脑；户外青山的电荷大、磁场强，能调整人体的细胞结构，促进代谢。因为这"踏青赶鸟"习俗有调神治病之妙处，所以才世代相传，经久不衰。

端午节

农历五月初五端午节，漓江码头搭起一道道双龙戏珠的彩门，赤橙黄绿青蓝紫七色彩球在空中飘飞，江面上一片喜气。端午节龙舟竞赛就在漓江上进行。

赛龙舟

正文 _ 苏韶芬　　竖排山歌 _ 宁梓戈

农历五月初五端午节，漓江码头搭起一道道青龙、黄龙双龙戏珠的彩门，赤橙黄绿青蓝紫七色彩球在空中飘飞，江面上一片喜气。端午节龙舟竞赛就在漓江上进行。

桂林自古就有"十年一大扒，五年一小扒"的赛龙舟风俗。历史上，划龙舟除纪念屈原外，还有祝福年成好、禳灾除难的意义。每逢五年一届的龙舟盛会，还在正月初一，各村、各街都要举行"开鼓"仪式。

开鼓这天，青年们都集中在本村、本街的庙宇前，开始鸣炮，擂响划船鼓、敲响划船锣、唱起龙舟歌，热闹声吸引邻村的男女老少来参观、祝贺。开鼓是划龙船的信号，各龙船兄弟也互相祝贺，以增进友谊。农历二月二，民间俗称"龙抬头"，这一天要敬龙王爷下殿，唱庆贺龙王爷下殿的歌：

> 恭贺言来老龙听，老龙下殿显神灵。
>
> 老龙下殿多保佑，保佑弟子船太平。
>
> 十年逢戊大划船，圣驾出游济苍生。
>
> 五谷丰登献国宝，人畜兴旺谢龙恩。

歌罢，家家户户端上供品供奉老龙王，然后推举龙船"首事"，投标耍头旗，直到龙舟下水。这期间人们都忙于练习，争取在比赛中取得好成绩。

练习划船的时候，还要学唱龙船歌。龙船歌是龙舟竞渡时唱的歌，有领唱、合唱。从请老龙下水，到划船、走龙亲，都有龙船歌相伴。龙船歌包括发兵歌、开船歌、游船歌、贺歌、转艄歌、收兵歌、哭雨公、得胜歌等。有些龙船歌没有歌词，主要用于协调龙舟桡手的动作，使大家默契配合，动作一致。龙船歌的节奏，是根据情绪和赛事的需要来决定的。它的调子和桂林的民歌调极为相似，有些龙船歌唱出了划龙船的来历，唱出了人们祈求老龙王降雨、降福的愿望：

> 哭雨公，我哭唤老龙，
>
> 唤起老龙去游江东。
>
> 老龙王，多明圣，
>
> 保我子孙的安康。

龙船歌学好了，端午也临近了，江上练兵的各村龙舟都紧锣密鼓。到了比赛那天，随着一颗红色信号弹升入空中，"咚咚咚"的鼓声就从起点远远传来，龙舟从一个个圆点渐渐扩大，如几条跃出水面的飞龙向着终点划来。棹影如大雁展翅，催动龙舟，万箭齐发，鼓声劈浪，浪里飞歌，观众如云，掌声、喝彩声如海如潮。

竞赛中还举行表演赛——哪条龙舟漂亮，哪条龙舟歌唱得好听。只见一条条装扮得五彩缤纷的龙舟，徐徐划过江面，昂首的老龙遍身红光流动，黄龙金光灿烂，颈上的小镜片在阳光下反射出道道白光。彩旗猎猎，罗伞辉煌，衬托出龙舟的尊贵地位。罗伞，过去为皇帝御用之物，今天置于龙舟之上，显出人民当家做主的自豪。江面上鼓声、锣声、船歌声、唢呐声、铁炮声……汇成了一首龙舟交响曲。如果说龙舟竞赛是赛力量、赛毅力，那么这个龙舟表演赛，赛的是艺术的创造力。

走龙亲

正文 _ 苏韶芬　　竖排山歌 _ 宁梓戈

　　桂林的五月端午节，除龙舟竞渡外还有一项重要的活动，那就是"走龙亲"。在龙舟下水到赛完龙舟期间，村与村、龙庙与龙庙之间都开展联谊活动。这些缔结为龙亲的村子，在历史上有千丝万缕的联系，或是从同一地域迁来，或是同一宗族，或是结为兄弟之谊。为了巩固友谊，每到端午节，大家一起共享节日的欢乐。

　　"走龙亲"时，村与村、街与街互相拜访，走的都是水路。他们唱着龙舟歌，划着龙舟，载着礼品，载着情意，驶向目的地。在岸上，主人放起鞭炮夹道欢迎，主客唱起贺歌：

　　　　客：恭贺人来恭贺人，恭贺我们老龙亲，

　　　　　　十年一届龙相会，漓江河上去扬名。

　　　　主：搭帮人来搭帮人，老龙搭帮大哥亲，

　　　　　　十年一届来相会，远近都闻贵村名。

　　贺歌的歌词不定，全凭唱歌人的才智即兴编词，有经验的歌手能在不同的场合应付自如，对答如流。主人客人在歌声中一唱一和，其乐融融。

端午节

不同龙庙不同村
同是龙舟竞渡人
赛完龙舟联友谊
对手之间走龙亲

2018 年 5 月 30 日，出船前安装龙头的情景 – 陆宇堃　摄

走龙亲·陈家村做客江东村 – 韦重杰　摄

端午药市

正文 _ 苏韶芬　陆安顺　杨海标

端午正值春夏之交，毒虫四出。此时，市场上销售各种清热驱毒的草药。这些草药是市郊农民从山上、田边、野地采来的，其中有艾叶、菖蒲、刺藤、紫苏、痱子草、大黄叶、黄花草、荆芥草、野芝麻、马鞭草等，端午时节的草药药效最好，特有的草药气味会驱虫避毒，可以祛湿除瘴，所以最受人们的欢迎。

节日期间，相邻友好互赠粽子、咸蛋，以和睦邻里关系。此外，人们还相约着去药市购数枝艾叶、菖蒲挂在家门口，或买上一两捆草药回去熬水洗身子，有小孩的家里少不了在节日买上数捆，没有小孩的人家也买上几枝以驱虫驱蚊。此外，还有洒雄黄、石灰灭虫的。

端午节走进龙胜侗寨，可以看见侗胞的胸前都佩戴菖蒲粒。

在端午节这天，侗族同胞一大早就起来将粽粑煮熟，并从山上采来新鲜的菖蒲和艾叶，把它挂在大门和窗上，以除害镇邪。同时还把菖蒲剪成颗粒，用针线串成一串，佩戴在小孩胸前，为小孩防病祛邪。

中午和晚上，全家人会餐，喝雄黄米酒，还将雄黄酒沿屋边洒淋，以消毒驱赶蛇和害虫。

在广西，靖西端午药市已有千年历史，在桂林，端午药市也与连接传统文化与现代节庆文化的千年龙舟民俗相依相伴。在缺医少药的年代，驱邪避毒是保障身体健康最简单易行的方法，它表现出古代百姓的智慧，同时具有文化意义。

东山瑶采药节

全州东山瑶乡，农历五月初五，民间的草药医生带着徒弟，一早就上山采集草药。传说这天是药王的诞辰日，天帝给药王休假过生日，药仙便下凡游玩，百草都沾染了药仙的灵气，在这一天采集的草药特别灵验，药效特好，所以自古流传农历五月初五日是采百草日，也叫"采药节"。

瑶民大清早就纷纷上山采药。这一风俗在我国古代早已有之，南朝梁宗懔《荆楚岁时记》中曰："是日（五月五日）竞渡，采杂药。"南宋吴自牧《梦粱录·五月》中记载："此日采百草或修制药品，以为辟瘟疾等用，藏之果有灵验。"

东山瑶乡的民间草药医生，有些独特的药方，这种医方诊治的病种不多，但有独特的疗效，称之为秘方，只传亲人，不传外人。五月五采药节，掌握秘方的传承人总是一个人悄悄走上山岭将药采回，悄悄将药晒干收好，到时拿出救人之急。另一种民间草医，自幼投师学技，能治风湿骨痛、疮疖癫痫、跌打损伤等。这类医生会供奉药王菩萨，授徒传术，到了五月五采药节，就带着徒弟爬上高山大岭，去采那些稀有贵重的药，珍藏起来以备临时急用。

东山瑶乡的药材种类繁多，有满山满岭的桔梗、柴胡、野百合、五味子、山胡椒、金银花、青木香等，也有治疗蛇咬伤的特效良药独脚莲。各种草药采回来后，师傅带着徒弟选青木香、九里光煮水沐浴或熏烟改秽，到了晚上杀鸡备酒，供奉药王菩萨。次日，师徒将采回的药草精心翻晒烤干，用纸分类包好，收藏起来，以备日后长久之用。

而今社会进步，医药发达。政府在瑶乡建有医院，医药下乡进村，村民疾患均有医保，但瑶山采药的人仍然有，瑶山人古老的医药传统也得到了继承。

端午节里热闹的药市－邹广海　摄

关公磨刀节

正文 _ 蒋太福　　竖排山歌 _ 宁梓戈

　　龙船赛一般都在端午节这天举行，唯独桂林市兴安县界首镇是五月十三划龙舟，其原因据说是为了庆祝关羽的生日和磨刀。传说关羽是五月十三出生，每到生日这天，他都要磨青龙偃月刀，界首镇人便选在这一天举行划龙船竞赛。

　　界首镇上庙宇不少，不到3000米范围有10多处古庙，仅祭祀关羽的就有两座，其中最大的关帝庙在上街码头对河东岸。庙前有高大的凉亭，亭后是祭祀大殿、气势恢宏。此外，界首街上还有一座真武庙，这座真武庙虽然不及关帝庙雄伟，但是每到关帝诞辰，前来祭祀的人们也是络绎不绝。

　　每年竞赛之后，界首镇人把龙船沉入湘江，龙船是松木材料做的，越浸泡水越经久耐用。到了来年五月初一，就将龙船起出地面，先是试划，五月初五端午节这天小赛，而到五月十三这天便举行大赛。

　　五月十三早上，周围10余里的农民都赶来看热闹，将界首古镇对面的湘江东岸的龙船山挤得满满的，而西岸镇上的居民则大多挤在自家临河的吊脚楼上观看。上午10时左右，来自界首各村及邻近村的船队，将象征龙船的彩旗插在江岸，从庙中抬出龙头、龙尾，平日来往于两岸的渡船也暂时停摆，给龙船竞赛让路。只见几公里长的湘江河

兴安界首真特别
五月十三好闹热
关公庙会龙舟赛
来个民俗双飞蝶

面，10多只龙船一对一对从南划到北，从北划到南，摇旗的、划桨的、吆喝的，每个人都铆足了劲头，都想战胜对手。那场面真是龙船如箭，人声鼎沸，哪怕关羽再世也会发出由衷的感叹。

每年五月十三，到界首湘江两岸观看划龙船竞赛者不下千人，关公磨刀节是界首镇最大的节日，磨刀节举行的划龙船竞赛，是界首镇民间最大的文体活动。

江上游龙－苏韶芬　摄

六月六半年节

农历六月初六日，桂北地区百姓称之为「半年节」。因一年过去了将近一半，春天播种的五谷杂粮开始结实成熟，家里饲养的鸡鸭六畜已长大可以宰杀，半年时间，各自忙于春种护苗，到此时，大可放松一下，亲友之间也可趁机相聚探望问候。于是，一些地方把这种社会风尚演绎成习，便在桂北有了六月的特殊节日——六月六半年节。

六月初六尝新节的来历

正文_李肇隆　　竖排山歌_宁梓戈

农历六月初六日，桂北地区百姓称之为"半年节"。因一年过去了将近一半，春天播种的五谷杂粮开始结实成熟，家里饲养的鸡鸭六畜已长大可以宰杀，半年时间，各自忙于春种护苗，到此时，大可放松一下，亲友之间也可趁机相聚探望问候。于是，一些地方把这种社会风尚演绎成习，便在桂北有了六月的特殊节日——六月六半年节。

据民国十八年（1929）《灵川县志》载：六月六日，"县厢为天后之游。以明轿舁象山、南街、北街三庙三女神像遍游各街，各户皆献角黍，祈子者或绣花鞋以奉之。今废。一、五、六各区，每岁令道巫祝神祈苗，奉神幡巡各陇社，吹笛叠鼓以随之。近日，此举渐废"。

清嘉庆四年（1799）《全州志》简记云：六月六日，"农家祭田祖"。

民国三十一年（1942）《全州志》记述：六月六日，"早稻将熟，雏鸭正肥，农家煮新谷，宰雏鸭以祀田祖，以是日为尝新之期。谚云：'六月六，子鸭肉。'相沿者久也。凡家有书画、衣服者，多于三伏日内晒之"。

六月六习俗在桂林兴安、全州、灌阳、资源、龙胜几县颇为流行。这天，乡镇农家除了杀鸭子，备酒肉，盛宴午餐外，还要打粑粑，互送嫡亲。

不少村落除在六月六祀田祖外，还和尝新节同日庆贺。尝新，指在锅内煮小半锅新米饭，先敬天，供后将饭粒撒到屋背上；再敬为人间带来谷种的狗，让狗吃上第一碗饭；然后才按长幼次序，顺次分吃新米饭。

尝新为什么先敬狗吃新米饭，民间传说是这样的：相传，稻谷原来长在天上，地上没有水稻，百姓生活很苦。有只天狗看见凡人可怜，便趁天上晒谷种的时候，它先跑到银河里洗澡将一身弄湿，然后跑到晒谷坪上在谷种里打了几个滚，粘上一身谷种便向南天门外跑。谁知被天兵发现就追了上来，天狗赶紧跳进银河，游过对岸，甩掉天兵追赶才下到凡间。结果身上的谷种全被河水冲掉了，只有翘起的尾巴，没被水淹，才留着几颗谷种。凡间的人得了天狗送来的种子，播种在田里，很快就得到了收成，但与天上的稻子不同。天上的禾稻是从苞到尾都结谷子的，凡人种的稻子，只在禾稻的尾巴上结谷子，弯起和

065　灵川瑶寨与外国游客欢庆六月六 - 阳锦秀　摄

狗尾巴一模一样，据说这是种子由狗尾巴带来的结果。

虽然凡间的谷子长得与天上的不一样，但总算能吃到好一点的米了。人们为感谢狗的帮助，所以在稻子成熟、尝新稻米的时候，让狗先吃，自己后吃。

六月六和尝新节，是区域性特殊民俗事象，桂北农村各地域、各民族在这两个时令节气的活动里，都各自有不同的习俗。

兴安瑶乡六月六

正文 _ 李肇隆　　竖排山歌 _ 宁梓戈

桂林市兴安县金石乡等地的瑶族同胞，都要隆重地过六月六半年节。

农历六月初五，瑶乡家家户户要赶做糯米粑粑。除了自家吃以外，更要紧的是送给妻子的娘亲。凡是娘家父母健在，做女儿的不管出嫁多久，年岁有多大，六月六半年节孝敬父母这份礼无论如何是少不得的。

这天，村村寨寨的头人要到各家凑钱买一头猪，准备香烛供果和鞭炮纸钱，一户一人由老人率领，将猪抬到圣庙中宰杀，供神后，大家在庙堂共吃一顿护青酒，共同议定"护青保苗团规"。然后，各人分一挂猪肉回家，叫"团规肉"，人人吃了好遵守庙堂议定的团规。

中午，各家把女儿带回来的鸡鸭杀好煮熟，并舀一碗到田边供奉田神，祈愿水稻丰收。吃饭时大家团坐在一起，吃半年饭。桌子上菜肴丰盛，任各人选择受用。但有个规矩，那碗供祭了田神的鸡肉，只能他们自家享用，这一规矩连出嫁回家的女儿都要遵守。

这古老的习俗，除杀猪祭庙随着时代进步废弃外，其他依然流行。

六月初六敬田神
农耕文化来传承
护青保苗立规矩
敬畏自然众虔诚

五排苗家六月六

正文 _ 李肇隆   竖排山歌 _ 宁梓戈

五排，今桂林资源县两水、车田苗乡和河口瑶族乡区域在历史上的统称。这一带的村寨，六月六热烈隆重的节日气氛仅次于春节，表现出少数民族同胞独特的六月六节日民俗。

六月初六，凡是最近两三年嫁出去的女儿都要叫上丈夫，夫妻一同回家陪父母过节。已经订婚、还未结婚的男子，在这天也要去未来的岳父母家过节。回娘家的女儿带的礼品除鸡鸭等鲜肉和糖、酒外，还要有糯米粽粑。每年六月初五，家家户户都忙着浸糯米、洗竹叶、抽禾苗杆、包粽粑。入夜，家家的蒸锅都飘出粽子的芳香，洋溢着迎接六月六的氛围。

六月初六清晨，村村寨寨杀猪的叫声不绝于耳，在山间村寨中此起彼伏。上午，通往各村寨的山道上，身着盛装的小两口或潇洒的独个青年人，手提鸡鸭，肩挑粽子，满怀喜悦，带着浓浓的情意回娘家"送节"——孝敬生养自己的父母。

中午饭后，家家户户忙着杀鸡、宰鸭，酥炸鱼肉、花生，蒸炒腊肉香菜。晚餐前，先敬天地祖宗，而后丰盛的节日宴席就在阖家高高兴兴的氛围中开始。

五排六月初六，除了"送节"、包粽粑之外，还有一项独具特色的地方土俗——"洗龙身""晒龙袍"。这天，村寨的年轻人和中年男女都要下河洗澡。据传统习俗说，这天下河洗了澡就如洗了龙身。龙身护体，一年都会消灾免难，祛病驱邪，保身心康泰、一年平安。这一天，小溪、河沟一片喧哗，洗澡人的欢笑声甚至把山雀惊得难以在山麓栖宿。

此外，各家有都要翻出收存的布料、冬衣，为老人备办的寿衣、寿被等物，搬出家门，放在骄阳下晾晒。经过太阳曝晒，可除霉灭蛀。

五排人称这叫"晒龙袍"。

晒衣节风景－郑法　摄

东山瑶家尝新节

正文 _ 李肇隆　　竖排山歌 _ 宁梓戈

当地里有了早熟的苞谷，园里的黄瓜挂在藤上，田里的禾苗也含胎抽穗，早稻开始灌浆，东山瑶家尝新节就到了。

东山瑶家的尝新节是世代相传的古俗，节日时间由村寨的老人商定，择取六月的一个卯日举行。

瑶山的尝新节，请外婆或舅爷到家里共尝劳动果实是节日的重要内容，早晨起床后，第一件事就是叫孩子去接外婆。瑶家器重女儿，谁家生了女儿，通村都为之高兴，交口称赞，说将来有人请过尝新节了。小孩到外婆家里，如果外婆不在，根据娘亲舅大的礼俗，就得请舅爷来。在这个节日里，谁家如果没有外婆或舅爷来过节，就会被别人瞧不起。因此，如果外婆或舅爷被姨娘家接去，丰盛的尝新午餐就要挪到晚上，等外婆来了再吃。

孩子去接外婆后，家里的女主人便手挽竹篮，到自家的园里摘新鲜辣椒、黄瓜、茄子，将之切成薄片，装在钵里，用醋腌好，请外婆品尝新鲜蔬菜。

家里的男主人吃罢早饭后，把鸡鸭杀了烫好外，还要到地里掰回新鲜玉米炸好，至少要每人能吃上一个。虽时届六月，稻子最早的还在抽穗灌浆，也要象征性扯回一些新谷穗，用饭锅蒸好，表示煮了新米。

中午，外婆来了，一家人热情招待，饮茶，吃新鲜玉米、甜醋新鲜黄瓜和茄子。这时，男主人就在门口和祖先神位前摆上桌子，祭祀天地、祖先。按祖传规矩，供桌上先摆三个酒杯、两双筷子。中间杯子上摆一双筷子，两边的杯子上只摆一根筷子。接着把煮好的鸡、鸭、肉、鱼，用碗盛少许放在桌上；另用三只碗，各舀一小瓢饭摆上供桌，每个碗上搭上一支蒸过的稻穗，表示供奉的饭是新谷新饭。最后烧香

尝新宴上请外婆
盘王长歌唱故事
神犬盗来稻谷种
才有遍地金谷粒

斟酒，家里主事人焚化纸钱供神，求天地风调雨顺、五谷丰登，求祖宗庇佑家业兴旺、六畜平安，全家人丁康健、老少平安。供神完毕，要把供神的禾穗，三支拼作一束。一束插在大门口敬天，一束插在祖宗神龛的香炉上祭祖先，一束放在香火堂屋的下堂土地菩萨旁边敬地。

祭完天地祖宗后，阖家共进午餐，人人上席围桌而坐。开席前由家里年岁最长者，舀一大碗饭倒入瓦钵内，再夹一块事先准备好的大块猪肉。然后把家里养的狗唤来，让它先吃。人尝新为什么要狗先吃？瑶家相传，稻谷是狗从天上弄回来的，所以尝新时，就先让狗吃了，大家才尝新。盘王歌有这样一段唱词：

丙午年间天大旱，旱死世间无米粮。

万岁将军吃泥土，愁了世上多少人。

开天圣母四处找，发现九王头上有禾秧。

圣母心头生一计，派遣黄狗盗种粮。

黄狗走进九王殿，看见金谷堆殿堂。

将身一滚沾谷种，偷得金谷赶还乡。

走出殿门遇天将，挨追被赶跳下江。

游过天河谷冲散，尾没落水有种藏。

回到人间交人种，普天之下粮满仓。

开席吃尝新饭，外婆要先吃第一口，而后大家才动筷子。瑶家把尝新看作半年节，所以节日特别隆重，仅次于过大年。如果碰上青黄不接、愁钱愁米的六月，更时兴过这样一个节日，它能给贫困的瑶家带来愉快和希望，不能不说是一件好事。而今尝新节里的一些旧习已淡化无存，但过节接外婆尝新的礼俗依然保留着。

侗族尝新节

正文 _ 陆安顺 杨海标　　竖排山歌 _ 宁梓戈

　　"六月六，新粮熟。"可以解决粮荒的玉米开始成熟了，侗族的尝新节也到了。每年的六月初六，人们都要早早起来，到自己种的玉米地里，把刚刚成熟的玉米摘下来，拿回家里，或用来打油茶，或把它煮熟"尝新"。如果玉米还没有成熟，也可以用成熟了的豆角或瓜类代替，以示一年新粮开始有了收获，青黄不接的日子过去了。

　　尝新节这天，家家户户要杀鸡鸭，并从未成熟的稻禾中抽三根禾胎进行祭祀。祭祖是尝新节的一项重要内容。早上，开田捕鱼，家家蒸糯米饭。在吃饭之前，全家人都围坐在火塘边，由家长举行祭祀仪式，在火炉正面摆放三张纸钱、三个酒杯，把煮熟的糯米饭、猪肉、鸡、鱼等各取三份放在纸钱上。接着，烧香化纸，把烧的香纸分成三份，各压按在火塘边和神龛上，然后念祭祖吉利词，大意是："尊敬的祖先，今天是吉日，我们家过尝新节，已备有酒、肉、鱼和糯米饭，请你们先来尝，我们再后尝。并望你们保佑我们全家安康、人丁兴旺、富贵发财。保佑我们种粮丰收、种棉成球、五谷丰登、六畜兴旺、千年万代、越吃越有、富贵长久。"祭祖词有长有短。念完祭祖词后，把要敬的三杯酒，先倒一杯淋在已烧的纸钱灰里，剩下两杯拿给在场的人喝。将敬祖用的三棵谷穗收藏起来，其中一棵放进仓库，意味着当年稻谷满仓。在家里供奉完毕后，还要将酒菜及一根禾胎拿到田里供奉。

　　侗民对田是十分崇敬的，每片田都设有一块以"守田石"为中心的石头，它是掌管这片田的神，人不能坐在上面，更不能在上面拉屎拉尿，否则会受到惩罚。到了六月初六，大家都要到各自耕种的田里，

收藏谷穗谷满仓
侗家尝新有主张
来年田里丰收景
侗歌琵琶满山岗

在"守田石"前烧香供奉，祈求神灵保佑五谷丰登。可见，侗族是一个非常敬畏自然、注意保护环境的民族。

侗族同胞庆祝节日－陆宇堃　摄

舞草龙节

"舞草龙节"是龙胜广南侗族民间盛兴的节日活动，在每年农历六月初六举行。

据《广南村志·族源》的记载，清朝道光年间，世代在广南从事农耕的侗族居民，每年禾苗壮胎抽穗、玉米扬花吐须结籽期间，庄稼常受蝗虫危害和天旱无雨之苦。村里有位妇人，名唤王氏，聪明睿智，她认为龙是呼风唤雨、灭虫赐福、保佑五谷丰登的神灵，如果敬奉龙神，舞动草龙巡游陇社，定可消灾祈福，灭虫保苗，夺取丰收。于是，她就用竹片、禾草秆、藤条编扎草龙，在农历六月初六日这天，叫青壮年举着草龙边走边舞，遍游田间地头。不料这样狂奔乱舞，竟招来不少蝗虫飞来，趴在草龙上面不舍离去。这时，大家都认定是草龙的神力在捕杀虫害，于是把草龙扛回村旁，将草烧掉，使危害庄稼的蝗虫葬身火海，庄稼得到保护，秋收五谷丰登，家家获得了良好的收成。自此以后，广南侗族百姓每年都在农历六月初六日过舞草龙节，在田垄地头开展舞龙活动，祈求灭虫降雨，保苗护青，五谷丰登。从此舞草龙在广南侗乡相传成节，便世代相承流传了下来。

在龙胜广南侗乡的草龙，俗名称"谷龙"（侗语为"龙把苟"）。在舞龙节到来之前，不少人家里就要编扎草龙了。编扎节日供舞的草龙，既严肃又要虔诚认真，必须选择好的糯禾秆草、竹片、藤条、木条等材料。编织的工艺甚为精致复杂，要运用编、织、插、嵌、镶、绕、缠、悬、挂、控、别、剔、镂、透等10多种工艺技巧。从备料、选材到上骨架、上草、连接、上龙筋等工序，制成一条20米长的草龙，需要200多个工日，仅鳞片就要3000多个。一条草龙用禾草就多达120斤，完整的一条草龙重量都在150斤以上。

　　每年到了舞草龙的时节，龙胜广南侗乡，家家户户都会杀鸡备酒，在门口设案摆上香烛供果供奉草龙。而后村里的头人，选拔10多位身体健壮受过专门训练的青年为舞龙手。这些被选为舞龙手的人，身穿黄色套装，来到摆祭草龙的场地，待头人祭龙完毕，礼炮声一响，鼓锣一敲，唢呐高奏，舞龙手迅速向前，将草龙举起，在铿锵的锣鼓声中，快步走出村寨，边走边舞，跨田埂，过地沟，时而腾挪翻滚，时而高低欢跳，时而快速跃起，时而左右低伏翻越，花样百出，形态各异，舞姿灵巧，技艺全是祖传。常舞的动作有"雪花盖顶""黄龙缠

制作草龙－秦广敏　摄

腰""左右插花""盘根摇尾""绕身回环"等，塑造出"巨龙腾飞""祥龙戏珠""神龙搅海""腾龙吐雾"等形象。把龙的灵性和威严形体、动作，演绎得淋漓尽致，充分展示出龙的特有灵性和磅礴气势。盛大而愉悦的舞草龙表演，表现出村民们对驱虫祛灾、风调雨顺、秋后丰收、家家吉祥安康的期望，以及侗家民众对幸福和美好生活的追求。

草龙舞遍村寨所有的田垄地塅后，众人将之扛回村边，然后按照仪礼点火燃烧，待大火将草龙完全焚化后，舞龙的乐队才息鼓收场，大家便开心地回到村里开席畅饮，继续欢度这"六月六"舞草龙的欢乐时光。

龙胜红瑶晒衣节

　　古谚有云:"六月六,晒红绿"。农历六月初六日,是瑶族同胞的传统节日——晒衣节。龙胜金坑红瑶流传着一段晒衣节由来的故事。

　　红瑶很重视自己的衣着,把服饰视为识别本民族个性的重要标志,因此在缝制服装时,布料多为自己手工纺纱织布精制而成,布质厚实绵密,柔软耐用。特别是妇女的锦衫、花衣、裙子,上面都要编织或挑绣上密密麻麻的花纹。一件缝制好的衣服或彩裙,更是牢靠厚实。虽然美观、结实、绵密、适用,可是瑶家深居大山,云雾迷蒙,阳光稀少,潮湿阴冷,绵密的衣服放在家中容易受潮发霉。象征红瑶身价的锦衫、花衣、彩裙更易变色生虫,衣服的保管便成了妇女的一大难题。一次,有一位红瑶妇女出山赶街,听到一个老人讲"六月六,晒红绿"。说者无心,听者有意。到了六月初六这天,这个红瑶妇女看见阳光充足,温热适度,她就赶紧把笼箱里的衣服裙子,搬到屋外的栏杆和晒台上晒了一天。太阳落山后,她收起衣服一闻,原先的霉味没有了,衣服裙子上的花色比先前更鲜艳亮眼,手往上面一摸,既干爽又舒适。她把这事对左邻右舍的人一讲,就一传十,十传百,很快就把"六月六,晒红绿。晒衣不发霉,晒书虫不蛀"的信息传遍了红瑶山山寨寨。从此,每到农历六月初六日这天,红瑶家家户户都翻箱倒笼把衣服布料、锦衫、花衣、彩裙、锦带、头饰、宝器摆出门外曝晒,到傍晚收回家,等衣物上热气散尽,再包好放进笼箱,此后,再也没发现发潮、霉变、生虫的现象。红瑶同胞为了答谢阳光和六月初六这个好日子,就把这天定为晒衣节。

　　金坑红瑶同胞的六月六晒衣节,极为热闹、隆重。到了这一天,家里嫁出去的女儿,去上门的儿子,都要带上鸭子、酒、糖果等礼品

六月六，晒红绿
霉味散去防虫蛀
衣色新，香如故
顺时令来人心足

回家过节，帮助翻晒衣服布草。家家户户都会宰杀鸭子，有道是"六月六，子鸭肉"，另外还有猪肉和其他荤菜，节庆的宴席很丰盛。此外，家家都会包粽子自食或馈赠亲友。红瑶包的粽子最大特点是它的捆法，粽子包好后，要将两串粽粑绑在一起，叫作一码（十个）。这种做法的意义是纪念红瑶先民日积月累，开田造地的艰苦创业精神；同时，也表示红瑶群众团结友好和夫妻和睦，家庭幸福美好之意。

晒衣节这天，红瑶同胞各家各户都充满喜悦，主家人和妇女一早就翻箱开柜，把花衣、锦衫、双衣、花裙拿出屋外来晒。有的搭在竹架之上，有的铺在栅栏上，有的放在洁净的晒台，使各自住房前后左右都是色彩鲜丽的衣服，虽然没有轻歌曼舞，却展现出红瑶晒衣节的热闹和欢乐。

红瑶打旗公

"每年五月大端午，锣鼓喧天人纷纷，四面八方来庆祝，妖魔鬼怪扫出门。"这首民歌生动地记述了红瑶的大端午"半年节"活动——打旗公。打旗公活动，独具民族特色，体现了瑶族人民不畏强暴的性格。相传这一活动与红瑶的历史有关。

红瑶的祖先从很远的地方迁徙到了这里，见四处山高林密，便在此安营扎寨，耕耘农田，生儿育女。但这里并不是人间乐园，官府常常派兵前来敲诈勒索，土匪更是不断抢掠骚扰。为了红瑶的生存，他们想尽办法，在寨口设下滚木和大石头，用平日练的狩猎本领，狠狠地打击前来骚扰的匪徒。

清朝初年的一天，官府说红瑶人反叛朝廷，派来大批官兵围剿寨子，惹得全体同胞怒火中烧。他们毫不畏惧，爬上高山，以山林为屏障与官兵周旋，打得敌人晕头转向，只好打道回府。官兵并没有就此罢休，五月中旬又来围剿。面对来势汹汹的敌人，红瑶人采取迂回战术，让老人、孩子留在寨子里迷惑敌人；青壮年上山埋伏，准备将敌人打个措手不及。时值端午，老人们一边蹲着包粽子，一边密切注意寨外的动静，时刻准备让孩子们向亲人报信。官兵果然上了当，他们进寨后不见青壮年，便迷上了猪羊。不料，没等他们走出寨子，就遭到了壮士们的伏击，壮士们将手中的石头掷向敌人，密密麻麻的石雨倾泻而下，打得敌人喊爹叫妈，狼狈逃窜。

红瑶人赤手空拳就战胜了全副武装的官兵，威名大震，吓破了敌胆。那一天，大家围着篝火欢庆胜利，并把这个日子定为"半年节"。尔后，每到半年节，就要举行打旗公活动，旗公象征扛旗的敌人，是挨打的角色，代表着敌人失败挨打。过半年节必须要包粽子，而且保

留蹲着包粽子的习惯。打旗公活动其实是那次战斗的真实写照,红瑶民歌可以作证:

> 瑶家兴行打旗公,纪念祖先英雄们,
>
> 自古英雄不怕死,英雄出自大山村。

打旗公活动一般在田垌举行。站在田垌边,举头可见青青大山高高耸立,当年的战鼓声恍若回荡于耳畔。打旗公活动由"敌""我"双方组成。敌方是由寨老们在身强力壮的中年人中,选出两名来扮演旗公。我方是由数百名13岁以下的儿童组成,扮演抗敌者,他们手拿泥巴团,在旗公必经的路线上设下关卡,将泥团掷向"敌人",也就是打旗公。当旗公跑完整个路线,他也几乎变成了泥人。

打旗公的人为什么要选13岁以下的孩子来扮演呢?因为要让孩子们从小就明白当年创业护寨的艰辛。这个活动开始前,寨里的老人都给孩子们讲述祖先的战斗以及祖先创业的历史。孩子们了解过去,懂得打旗公活动的深刻含义,才能学习祖先热爱家乡、维护正义的精神。

打旗公活动除有纪念祖先的含义外,还有祈祷丰年的寓意。当旗公跑过田地时,田地的主人就放响一串鞭炮,同时备上一份薄礼,哪怕是几颗糖果、几块粑粑,礼不在多,主要的是要真心真意,目的是求祖先带来好收成。这些善意的愿望使打旗公活动有了更丰富的内涵。

白沙圩六廿三试新节

正文 _ 苏韶芬　　竖排山歌 _ 宁梓戈

白沙圩位于广西阳朔县西部，上通桂林市区，下达平乐县，为阳朔县较为繁华的圩镇。它的繁荣与当地扶持商户、发展经济的农历六廿三试新节民俗活动分不开。尝新米做狗舌粑，这一当地六月的节令习俗为商贸繁荣带来了商机。

过去，白沙圩只有一条小街，人烟稀少，集市贸易冷清。附近只有几个壮族村寨。此地气候"阴阳相薄、瘴疫间生"，天灾人祸不时发生。为了祈福祛灾，人们祭天地、祭社稷，农历四月初八祭祀牛王生日，并在这天开展抢炮活动，以求人丁兴旺、五谷丰登、延年益寿。

后来，外地人到这里经商，为了适应自身发展的需要，他们将农历六月廿三日纪念关羽诞辰的活动称为"试新节"。试新节取代了本地四月初八祭牛王生日，但仍保留了抢炮活动，提出"招财进宝，生意兴隆"的口号。这一民俗活动对外地客商产生了极大的吸引力，他们对来此地经商产生了浓厚的兴趣。这种兴趣逐渐扩展为群体意识，从而为这一地区的经济发展奠定了牢固的基础。之后，每到农历六月廿三日，他们都开展这一活动，使之渐渐成为一种民俗色彩浓厚而又带有商业气息的民间节日。

客商们为达到生意兴隆的目的，在节日活动的组织形式上采取了相应的措施。抢炮者以户主为单位，由户主去雇请队员。奖金由户主所得，队员只拿佣金。这一奖励形式有助于商户扩大自己的资金实力，他们可以用这笔资金作为周转，扩大经营项目，从而起到发展贸易的作用。来年，他们还要拿出比奖金额更高的彩礼，奉还大会，以促进这一民俗活动的继续进行。

广西许多地区的少数民族都有抢炮习俗，但抢炮在整个歌圩活动中并不占主要地位，繁荣商贸只是歌圩活动中的一个客观效果。而阳朔白沙圩的抢炮，则是"六廿三"试新节的一项中心活动内容，注重对商贸的促进。

试新节头一天，要举行游神，谓之"行炮"。过去，游神队伍由一匹赤兔马领头，关羽的神位由四人抬着紧跟其后。现在，游神变成文艺游行，由旗鼓领头，老寿星像跟后，随后是各炮亮相——童男童女饰历史人物的"马故事"，装饰戏剧人物的"锣鼓棚"，桂北风味的牌灯、板凳龙，岭南醒狮流派的舞狮队等，琳琅满目，气氛喜庆。

如今的试新节民俗活动，朝着更适合于自身特点的方向发展，形成了自己的特色。农历六月廿三日正值早稻开镰收割之时，农家要依俗尝新米饭，故称"试新节"。这天清晨，家家要用高粱叶包新糯米饭包（称狗舌粑），节日充满庆丰收之意。

试新节正午，白沙圩的集市人头攒动。过去赴会为的是求丁祈寿，如今为的是丰富文化生活、繁荣集市贸易、开阔自己的眼界。人们从四面八方涌来，身穿节日盛装的姑娘、小伙，为山村的传统节日增添了青春的气息。

随着一长串震耳欲聋的鞭炮声，游行队伍浩浩荡荡地走上白沙圩街头，向抢炮地点走去。摩拳擦掌的人们拥着老寿星像开路，各炮位、锣鼓棚等紧跟其后，一路鼓声、炮仗声，一路狮舞龙腾。游行队伍簇拥着各炮位进入炮场。炮场主席台前，镜屏、座钟、花卉等奖品醒目耀眼。炮台是专为炮会搭起来的，设有"荣获喜炮"登记席、会长和公断人席位、来宾席位等。炮场以石灰线为界，观众要在线外观看，以免扰乱比赛。

　　抢炮比赛将要开始时，六个队的抢炮队员在领队的带领下列队入场，他们神采奕奕，表现出临阵前的轻松感。六个队的抢炮队员分属六个户主，他们肩负着户主的期望。吉时一到，炮会的主持人宣布抢炮开始，跑炮员立即到主席台向会长领取卷有红布条的铁环——炮标，然后用小竹竿将炮标举过头顶，高喊"炮标炮次，绕场一周"，并给群众验炮，然后交付司炮员套在土炮上。当司炮员点燃土炮后，铁环冲上空中，众目仰望，待它下落便开始抢炮。抢炮队员以本队为核心，蜂拥扑向炮落之处，头炮是各队众矢之的。一旦发现炮标的目标，抢炮队员便堵、拦、抢、夺，勇中有谋，志在必夺。

　　获得炮标的队员，还常常以假象迷惑别人，转移视线，以免到手的炮又被别队抢去。队友间配合默契，满场周旋。传送、拦截、冲撞，犹如一场精彩激烈的球赛，极富刺激性。于是，有人称抢炮活动是东方的橄榄球赛。胜利的一方欢呼雀跃，获头炮的户主也上来与队员一起欢呼，全场为之轰动。头炮抢完后，经过验炮，再发第二炮，如此这般依次将后几炮发射并抢夺完毕。抢炮结束后，会长给获炮户主披红戴花，率领文艺游行队伍按炮次将炮位送入各户主家里。这些户主为获得胜利而兴致勃勃，决心在经营上更上一层楼，来年以更丰厚的彩礼为节日活动做贡献。而那些为户主抢炮的队员，也不是图什么钱物，而是觉得参加这样的活动，既得到娱乐，又能够锻炼意志、增强体质。

　　白沙圩的试新节还有其他各种丰富多彩的文娱活动，他们邀请戏班子唱大戏、张灯结彩、舞龙舞狮，不仅本圩镇的人们参加，还邀请邻村、邻县的狮队来参加。荔浦县（今荔浦市）马岭乡的狮子队每逢

试新节喜庆活动，必到白沙圩来热闹热闹，这是老规矩，也是老朋友
的情谊所致。

　　节日期间，白沙圩的集市贸易异常繁荣，营业额猛增，仿佛是为
这个不寻常的节日铺筑一条发展之路、希望之路。

六月六里舞祥龙 - 徐方　摄

七月七乞巧节

农历七月七日，民间相传，天上牛郎与织女在这一天相会。牛郎和织女的民间传说故事，无论是城镇或乡村，几乎家喻户晓。相传织女是管理妇女纺织的，所以在民间传承的祭祀活动都是属于妇女的。

晒水洗头

正文 _ 李肇隆　　竖排山歌 _ 宁梓戈

桂林的古志书对七月七乞巧节的记载较为简单，《临桂县志》中载："七月，七日'乞巧'。"民国二十四年（1935）铅印本《全县志》中说："七夕为牛女会。民间称之为'双七节''女儿节'。幼女多于是日穿。"虽在县志中记载不多，此七夕民俗事象在桂林城乡间盛行不衰。

这一天，妇女们一早就到村子的井里挑一担水，到中午把洗脸盆洗干净，打一盆满满的水，放到阳光下曝晒。再用稻草烧一堆灰，拿一个细篾织成的竹撮箕，放在空盆子上，捧适量稻草灰放在竹撮箕里，舀水淋湿稻草灰，让水滤到下边的盆子里。妇女们先用稻草灰水洗头，最后用阳光曝晒得发热的水洗头。据说用这样的水洗头，不但头发干净飘逸柔顺，而且头脑也会变得更加聪明伶俐。所以，这天中午，家家门口摆出晒水的脸盆，妇女们个个洗头，独具乞巧节特色。稻草灰的用途很早就被人们所认识。在没有洗发水的年代，用稻草灰水洗头，不仅可以用其天然的碱性去除头发的油腻，还可以使头发柔软顺滑，用稻草灰和着晒热的水洗头，表现了妇女的智慧。

千古流传在绣闺
灰水洗发发秀美
七巧节中弄一回
把水晒热拌草灰

乞巧学手艺

正文 _ 李肇隆　　竖排山歌 _ 宁梓戈

　　农历七月初七晚上，村子平时相处较好的少女、少妇，晚饭后相邀一起，在门口或户外坪里，摆上一张小方桌，上面放着各自带来的瓜子、花生，大家围坐在一起乞巧做手工。她们看牛郎、织女星，比一口气谁数的星星多，谁就是胜者，按各自数的星星多少，排列出名次。数星星时边念边数：天上一颗星，地上一个人；地上人点灯，天上出星星，一颗星，两颗星……如此数下去，既要快又要咬字清楚。赛完数星星，就一起在星空下织麻、搓线，做针线活，扎袜底。据说看着织女星做手工活，十个手指会变得更加灵巧。

　　此外，小女孩为了长大能戴上耳环，都选在这天穿耳孔。穿耳孔不能由父母帮女儿穿，而要选村里妇女中公认德高望重、心灵手巧、针线功夫最好的人来穿。据说这样就不会痛，而且小孩也会变得能干一些。所以，村里威望高、手艺好的妇女，这天最受人欢迎，也是最忙的人。

要戴耳饰穿耳孔
七夕佳节莫错过
这天穿耳不会痛
聪明伶俐更活泼

灌阳乞巧节

正文 _ 李肇隆　　竖排山歌 _ 宁梓戈

农历七月初七日，在灌阳民间也广为流传乞巧节。据清道光年间刊刻的《灌阳县志》记载："农历七月初七日，称乞巧节，又称七夕或香日。"

乞巧节，早在南朝梁宗懔的《荆楚岁时记》中就有记载："是夕，人家妇女结彩缕穿七孔针，或以金银鍮石为针。陈瓜果于庭中以乞巧，有喜子网于瓜上，则以为有符应。"自古民间就流传牛郎和织女被王母娘娘拆散分开，隔着天上银河两边，一年到头，只有这天晚上才能在鹊桥上相会的传说。

这天，新嫁出去的女子要回娘家探望姑嫂，晚上月亮升起后，妇

刺绣的苗女－吕建伟　摄

每当七夕佳节到
皎皎月色当空照
女儿节里女儿乐
七针七线比手巧

女们相聚将桌子摆在门外的屋檐下，再将瓜果、香烛摆在桌子上供奉织女，跪拜在桌子边对着月光向织女祈愿，祈祷手巧心灵。而后，大家做乞巧游戏，即各人拿七根针、七根线，相互比谁在月光下先将七根针线穿好，先穿好的表示心灵手巧、技术高强，为胜者，获大家的称赞。如此反复比赛，玩得夜深人静，兴尽才散。这种乞求智巧、追求精织工艺的娱乐活动，被称为"乞巧"。

在乞巧节这天，灌阳民间还流行晒物活动。妇女们将尘封在笼箱中的冬衣、被子搬出来曝晒，为老人做的辞世寿衣更是必晒之物。男子们在这天要做的事，就是将家里保存的家谱、契约、书籍搬到阳光下曝晒。说这天晒了的衣服、布、草、契约、书籍等不会回潮，不会生虫挨蛀。

所以，每年到了这天，每座村庄的门前屋后都摆满了花花绿绿的衣服布料、红红黄黄的契约书本，呈现出灌阳民间乞巧节特有的节日习俗。

中元节

农历七月十四（或七月十五），桂北各地隆重过中元节。越城岭北麓资源县五排苗家的中元节习俗，尤为独特，他们在七月十三日至七月十五日，举行连续三天的传统歌节。

七月十五苗岭歌节

正文 _ 李肇隆　　竖排山歌 _ 宁梓戈

农历七月十四（或七月十五），是桂北各地的中元节，越城岭北麓的资源县五排苗家则在七月十三日至七月十五日举行连续三天的传统歌节。歌节期间，小地、车田、烟竹坪等苗寨歌潮阵阵，山花怒放、百鸟争鸣，整个五排都成了歌的世界。

苗家有个俗规：平时青年男女只能在山间野外，背着父母和自己的意中人唱五排山歌（情歌），在家里、寨中，当着亲属长辈的面，谁也不敢张口歌唱。到了七月十三日至十五日，不但可以自由自在地唱，而且举办歌节的那个寨子还要杀猪宰羊，备办丰盛的筵席，款待唱歌的人。所以，每年农历七月半是苗家青年男女，也是中年和老年歌师最欢快的节日。

在这三天里，苗家歌手们都穿上节日的盛装，结伴奔赴举办歌节的寨子，男女各寻歌伴，或三五人一堆，或十几人一伙，寻找对手，高搭歌台，面对面地坐在一起，联歌对唱起来。歌的内容丰富多彩，有的互相称赞：

男：金竹坪里搭歌台，看见岩顶桂花开，

芳香飘过雁门界，你引蜜蜂来五排。

女：今天来到望花台，看到花树是你栽，

树下闻香遮得雨，哪个还会走得开。

互相夸赞一番后就进入盘问，有问何村何寨，姓甚名谁，也有问智问勇、问古问今的。有的叙述昔日的苦楚，有的唱当今的甜蜜日子，有的唱苗家先祖的英雄传奇，也有的唱古人的逸闻异事，还有的唱斗天斗地劳动耕作的新人新事，也有人唱夫妻恩爱、恋人相思怀想的一往情深。他们纵情高歌，通宵达旦，唱得难解难分。曙光从东方升起，

中元节

五排苗家中元节
节日歌圩好闹热
当年祖先定此日
资源五排拓家业

才依依不舍离去。

不少青年男女，通过三天的连唱，互相以歌代言，以歌传情，倾诉了心中的真情实意，也结下了美好的不解之缘。于是，中元节过后，男方就会请舅亲或自己信任的亲朋好友，到女方家里提亲。在这男情女愿的良好气氛下，一牵线搭桥，往往一拍即合。

苗家为何在七月半举行五排苗岭歌节？相传古时，苗家的祖先居住在九江下游，因被南侵的强兵驱赶被迫南迁。他们一路跋山涉水，远走他乡，走进了深山老林，来到了资源五排烟竹坪。见此处鸟鸣丛林，花开遍野，山高林密，深涧流溪，在群峰合抱的中间，有一块开阔平整的土地。这里清晨岚气氤氲，烟云袅袅，傍晚余晖映山，金光染岭。苗家的祖先一看，断定这里是沃土养人之地，于是他们在七月十五日这一天就在五排劈竹割苇造屋住了下来。他们敲锣打鼓驱赶猛兽，唱歌吹笙垦荒种植。定居一年，锄头落土，遍地都长出了米粮。几年工夫，苗家人畜就兴旺起来，很快遍及五排的山山岭岭。

为了纪念苗家祖先在此地落地生根，艰苦创业，苗家人民便把每年七月十五日中元节定为他们怀念祭祀先祖的歌节，世代相传，不断承袭。

祭祀祖先

正文 _ 苏韶芬　　竖排山歌 _ 宁梓戈

农历七月十四（或七月十五）是中元节，这是一个祭祖的节日。桂林人俗称"七月半""鬼节"。

有一首歌谣这样唱道："七月里来七月花，七月十二鬼回家，有子有孙化纸钱，无子无孙空回家。"节日的人情味极为浓厚，充满了人们对祖先的缅怀之情。

在桂林乡间，每家每户在七月十二就整理神台。有些地方从七月初七开始安放祖宗神位。家人一早弄茶弄饭，到屋外放上一串鞭炮，烧些香火纸钱，将祖先"接回家"来，然后在神台供上香火、食品。祭祖期间，每天早晚还供上香茶，就餐时供上饭菜，让祖上过一个丰盛愉快的"鬼节"，享受后代一年一度的敬奉。

到了七月十四（或十五），家家杀鸡宰鸭，做一顿丰盛的晚餐，全家聚在一起祭祀祖先。就餐时，除了放上家人的碗筷，还要放上故去未满三年或上一辈祖先的餐具，给他们留下座位。就餐前，供祖宗牌位，将桌上敬祖先的酒杯斟满，然后将杯中酒洒在地上。三巡过后，家人方可进食。桂林人称此礼为"敬老爷"。

旧时，子孙后代，包括已嫁出去的女儿、孙女都要为已故祖先制作纸衣、纸钱、纸箱子，女儿回娘家时还要带上一只鸭子回来供祖先。

到了中元节晚上，主妇带上这些纸钱、纸衣到河边或偏僻之处焚烧，谓之给阴间的亲人送钱、送衣。焚烧时，要将这些东西放在一个用石灰划好的圈子里，以免被"野鬼"抢走。之后再洒些水饭。人们对祖先的缕缕怀念之情在火光中摇曳，直到淡淡的青烟飘散在夜空中，心里方得到平衡。

这两天的夜晚，漓江格外宁静，两岸都有堆堆火光在跳动，水中

七月半，过鬼节
桂林人，忙不歇
供鸡鸭，烧金镍
寄哀思，化白蝶
感先德，情意切
莫宗亲，代代接

倒映着火光，夜空下，蝙蝠低飞拍打着翅膀，风吹旷野，点点星火如灵光闪动。如今在野地、江边烧纸钱的习俗已为新风所易，而传统的中元节，仍寄托着人们深沉的哀思。

资源河灯节由中元节而来，人们在这一天祭祀先祖，寄托哀思－蒙代鑫 摄

中秋节

桂林的中秋节习俗古朴而又情感丰富，柚子飘香，山水动情。朋友，你若在中秋节踏上桂林的土地，千万别错过到漓江岸边去欣赏这美丽的月色。

柚子香祈月

正文 _ 苏韶芬   竖排山歌 _ 宁梓戈

中秋夜，大地洒满银辉，月光清晰勾勒出峭拔山峰秀雅的轮廓，环绕青山的漓江，宛如银练缓缓南去。赏月的人们在山水间徜徉，寄情于这美丽的大自然。

此夜，你若在峰巅看桂林，桂林宛如灯的海洋。路灯亮了、江心灯亮了，远处山顶的灯光闪闪烁烁……在这片灯海中，还可见一束束似萤火虫般的光点，那是人们中秋月夜祈月的柚子香。

"柚子香祈月"是一种中秋节古俗，源于何时，难以考究，只知道很久以前，桂林当地的少数民族就是这般祭祀月亮的。迄今为止，壮族地区仍有这种习俗。柚子香，是指在本地产的酸柚子上插满点燃的细香、祈月时将它放在户外摆有糖果、月饼的八仙桌上，并朝向月亮，似乎那袅袅轻烟能带着人间的祈愿，向月亮仙子飘去。

中秋夜，大人们也常常用酸柚子给小孩制作传统的节日玩具——酸柚子灯笼。它的制作工艺很简单，选用肥大皮厚的酸柚子，在上部切开一个小口，将柚子心掏空，然后在柚子皮上镂刻"欢度中秋佳节""花好月圆"等节日祝词，在柚子里点上一根小蜡烛，烛光透过镂刻的缝隙漏出来，使得柚子灯小巧典雅，别有趣味。此夜，孩子们喜欢提着柚子灯笼结队在村头巷尾游戏，那柚子灯笼上下起舞翻飞，就像一条游龙。中秋之夜，青年们的游戏更为独特，他们拿着酸柚子在街上滚掷，你来我往，极为热闹。清嘉庆七年（1802）修的《临桂县志》载桂林中秋"祀月"外，还有击鼓乐为嬉，乡落聚众赛会或"迎诸神"的习俗。明朝诗人曹学佺有诗曰："箫鼓沸中秋。"如今的中秋节，人们又以登山赏月、江边篝火赏月、月夜乘船游两江四湖为娱乐方式。游船载着赏月的人们缓缓而行，天上月、水中月相互辉映，月中仙子、

中秋节

融融月色伴轻风
江畔月明喜邀朋
水里明月篙点破
柚香祈月兴正浓

江上游人情感相通。此时此刻，城里城外，江岸江心，笑语盈盈，这是桂林最有魅力、最为迷人的夜晚。

灵川县大圩古镇中秋祭月－阳成斌　摄

中秋节"团圆"

正文＿李肇隆　　竖排山歌＿宁梓戈

　　农历八月十五是传统的中秋节，是城乡民众的重大节日。这天出门在外的人，都要赶回家中，与家人团聚，所以又称为"团圆节"。在这个隆重的节日里，有的地方举行迎神赛会、祭月、烧柚香、吃月饼等活动。这些古老的节日祭祀活动，昔日在桂北各县都甚为流行，且桂林的北边与南边各县有大同而存小异，从古县志中足以证实。

　　清嘉庆七年（1802）修，光绪六年（1880）补刊本《临桂县志》中记载："中秋市月饼薯芋，焚香烛祀月。多设肴置酒，家人聚饮玩月。"民国十八年（1929）石印本《灵川县志》中则称："八月十五日为中秋节，陈瓜果，烧柚香以祀月。一、五两区有迎神赛社之庆会，优巫歌舞，击缶侑神，戚友藉以欢聚（按，六月祈苗，八月赛社，此古礼之犹存于乡者，所谓秋冬报赛田祖者也）。"由此可见，八月十五的一些祭祀活动不仅在桂林各县存在差异，就是一个县域内，因地域和信奉不同所开展的节日活动也有差异。

　　灵川县的迎神赛社，显然是从江南传承来的遗俗，且与庆祝八月十五日土地神的生日有关。《全县志》对八月十五中秋节的记载较为详细。其志云："中秋，亲友各备饼饵相遗馈，谓之'月饼'。是夕，以线香环插于柚，用高竿竖而燃之，圆如星球，谓之柚香，并陈饴饼，瓜果以祀月。凡少妇未育子者，其姆娌于是夕更深时潜入人家园中，摘瓜抱还，以小儿衣裙裹之，送入少妇床间，谓之'送子'。俗谓瓜须偷来者方吉。"

　　清光绪十年刊本《平乐县志》，对中秋节的记载云，节日期间"亲友购备月饼互相投赠"。城里有钱的人家，在家中的楼台"宴会宾客，合奏笙歌，对月畅饮。风雅之士，设灯棚，作文虎之会，饮酒赋诗以为乐。若夫家人妇子，间陈瓜果，剖饼饵，焚香品茗，围坐清谈，颇饶兴趣"。城市乡村的孩子们，"以西瓜、柚子去其瓤，刻透明花鸟，烛其中，或以纸制鸟兽，花果灯，结队笑歌，持以游行，天真盎然"。

八月十五日吃月饼之俗，也有一个典故。传说当年曾受鞑子残酷统治，十家只准合用一把菜刀，十户要供养一个鞑子，百姓受尽了剥削压迫。于是，有人提出起事，便想出借送月饼为名来进行联络。在做月饼时，就将行动计划和起义时间暗藏在月饼之中，约定八月十五晚上统一行动。后来果然一举成功，杀掉了鞑子，百姓获得了自由和安宁的生活。因月饼在起事中起了重要作用。所以八月十五送月饼、吃月饼既是纪念起事的胜利，也是阖家团聚过上安乐日子的一种欢庆方式。

八月十五正是秋收时节，五谷进仓，瓜果满室。在农村，家家户户都要酿糯米甜酒，做各式各样的糯米粑过节和馈赠亲友。

中秋"讨骂"

　　农历八月十五日是喜庆团圆的中秋佳节。按常规要多说吉祥彩话，禁忌诅咒恶言的，可是在桂北的苗岭瑶乡却流传着过中秋喜欢挨骂的特殊习俗。

　　中秋节晚上，人们吃罢团圆饭，老人们坐在厅堂给小孩讲述吴刚伐桂的故事，妇女们谈论着嫦娥奔月的传说。一些中青年后生就三个一群，四个一伙，带上柴刀或小菜刀，悄悄地奔向村外，摸进苞谷地或烟地里，见到瓜苗，不管是谁家的，都可以顺藤寻瓜（因瑶山的瓜在暑热时已收完，瓜苗上的瓜要么是漏摘的，要么是新长出来不大的瓜）。只要见藤上有瓜，无论大小，拔刀就砍，若一刀砍下最妙，表示一蹴即就，万事顺意。如果被主人发现，挨追赶抓捕，偷瓜的人只要跑出瓜地，主人就是与你相距咫尺，他也不会再过问你了，最多相觑一笑了之。

　　如何处理偷到手的瓜？不同民族各有不同。苗家兄弟，把偷到的瓜，插上一炷香，直到把瓜插满为止，再把瓜串在一根长长的竹竿上，然后把竹竿竖立在村子的最高处，焚香敬月。这种偷来之物，是经奇袭得到的战利品，仿佛是锄霸灭奸，用它供奉神灵似乎更灵验。瑶家后生偷得嫩瓜后，就拿来和鸭肉焖在一起，再端到月光下，共同把酒赏月，猜拳行令，格外开心。偷来的大瓜用小孩的衣服包裹好，装成婴儿，欢欢喜喜地送到当年新婚的夫妇家里，走进他们的卧室，把瓜娃娃安稳地塞进床上的被窝，以示瓜熟蒂落，早生贵子。

　　尽管新婚夫妇被大家作弄得啼笑皆非，但也绝不责怪大家，反而兴致勃勃地摆上好酒佳肴，要送瓜人对月畅饮，一醉方休。

　　这天晚上偷瓜后，人人都希望挨骂。到第二天早晨希望能听到丢失瓜的主人骂人。相传，谁挨骂了，谁就会祛病消灾、四季清泰、益寿延年。

因为有这样的土俗，在苗岭瑶乡，凡是在八月十五晚上丢了瓜的人，即使是最泼辣的妇女，都能忍气吞声，装作没事一样，不愿多乱骂半句。所以，苗岭瑶乡自古以来就流传一句"八月十五，乱捞乱舞"的俗语。

这种特殊习俗虽然已经失传。但不少老人每逢八月十五，依旧情不自禁地谈起挨骂的趣事。

中秋节，去偷瓜，自找挨骂

这桩事，各民族，不同说法

苗家人，比作是，锄奸灭霸

瑶族的，后生家，将瓜焖鸭

送与那，新婚人，早传佳话

在这天，若挨骂，运转鸿发

星华村"跳神"

正文 _ 苏韶芬　　竖排山歌 _ 宁梓戈

桂林市郊大河乡星华村的村民在中秋举行庆中秋民俗活动，活动的内容主要是祭祀武则天，以表达村民庆中秋庆丰收的喜悦心情。

农历八月十五，人们从祖屋请出武则天的坐像，然后抬着坐像在村子周游，每到一户，都唱《唐朝国母帝娘》。歌唱罢，户主往坐像供香，待每户拜过后，便把坐像放回祖屋。

"跳神"，先跳"功曹"点兵，后跳"开山"请客，此时正值晚餐时分，村子庆贺丰收，到处摆桌子请吃晚饭。跳"令公"时，动作有"犁田撒麦""撒谷播种""打猎游山""校场比武""鼓楼下棋""捕鱼打鸟"等，凡农家汉子生产、生活中的动作几乎都有。

庆中秋会的跳神舞，颇多女子舞蹈，这或许与祭祀女神为主要内容有关。其中有《卫皇圣母》(也称《十月怀胎》)、《孟姜女》、《白马三姑》、《龙母》等。《卫皇圣母》叙述了母亲十月怀胎的过程，喜悦与痛苦交织，教育人们要孝敬父母。《孟姜女》叙述了孟姜女万里送寒衣，哭倒长城的故事。《白马三姑》则描写了一个偷学武艺的姑娘，歌颂她"行侠仗义降强梁"的无畏精神。

举行庆中秋会民俗活动的村民，多来自江西、山西。他们来此地后，以烧窑为主，其烧制技术颇负盛名。他们自制傩舞乐器，其中有一种名为"腰鼓"的陶罐便出自他们之手。腰鼓陶罐的制造史至今已有200余年，陶罐敲打起来声音洪亮，颇具特色。

桂林市郊大河乡
中秋跳神敬女皇
十月怀胎娘辛苦
父母恩深不能忘

恭城莲花山歌节

正文 _ 李肇隆　　竖排山歌 _ 苏韶芬

恭城莲花瑶乡，自古在农历八月十五就盛行赶歌圩，相沿成习，形成了瑶、壮民族传统山歌节。

据考，恭城莲花的山歌节源远流长，早在唐、宋时期莲花的八甲（势江源）、九甲（坪江源）就有瑶族同胞在此地居住。到明代洪武初年，又从广西庆远府河池、南丹迁来部分壮族同胞。当时，瑶、壮两支民族在势江源、坪江源人烟稀少，枯燥寂寞，生活艰苦，过着刀耕火种的生活。为打破这寂寥无趣的生活状态，营造活跃自乐的环境，达到相互交往、相互联系和谈情说爱的目的，于是，他们每逢年节和聚会便相互以歌交友、以歌传情、以歌谈爱，久而久之便在每年八月十五，相聚在莲花对唱山歌，遂形成了赶歌圩的山歌节日。

到了这天，势江源和坪江源的瑶、壮同胞个个都穿上节日的盛装，女子更打扮得格外漂亮，人人都带上自己要变卖的土货特产，来到莲花的街巷或大树下、草地边，把整个莲花街巷和岩坪都挤得人流涌动，热闹非凡。满街是买卖日用百货、生活生产所需品的人群；岩坪、草地、大树下是簇拥对唱山歌的男女青年、老年歌师和围观的群众。有本县域各个乡镇的群众，也有来自平乐、阳朔、钟山和湖南的山歌好手。歌声此起彼伏，整个莲花沉浸在歌的海洋之中，且每首歌都显现出各自独特的韵味。如势江源瑶族唱的八甲山歌，形式有独唱、对唱，旋律悠扬婉转，节奏自由轻松，调式调性稳定，歌词有如传统的四句民谣，演唱的人数不限。坪江源的九甲山歌，流行于莲花、东寨一带的瑶族和壮族村寨，形式有独唱和对唱两种。对唱时一般采用问答盘古、猜谜等方式。歌词为"二二三"结构的七字句，每首均为上下句，唱时与八甲歌相似，不同的是九甲歌多在末尾一字前加衬一词"来"。

九甲歌调属小调式，节奏舒展，调式稳定，音域广，音区高，普遍采用装饰音。歌圩一般唱云游歌、长工歌、采茶歌、苦情歌、地名歌、盘歌、谜语歌、杂歌等。山歌节唱得最多的是青年男女连歌对唱的情歌。情歌以它的内容分为：初识歌、试探歌、赞美歌、迷恋歌、起誓歌、相思歌、送郎歌、苦情歌等。

莲花山歌节，每次都要唱得地动山摇，好多人从早唱到日落西山也舍不得离去。人们对莲花山歌迷恋不舍、永唱不衰，莲花山狮角已故九旬老人谢红英留下这样一首歌：

广西恭城种苑瓜，湖南广东开过花，

云南贵州都攀过，归根结底在莲花。

银殿山头姐成仙，山歌传下几千年，

恭城莲花变歌海，都是三姐亲口传。

现在恭城瑶族山歌已成为广西壮族自治区非物质文化遗产代表性项目，在每年举办的恭城桃花节、柿子节都能听到熟悉的山歌调，那深深扎根在这方土地的节庆活动，弘扬和传承了莲花的山歌传统。

三姐传歌到莲花
山水回声纪念她
年年莲花山歌节
歌随彩云飞天涯

瑶族敬奉目母婆

正文＿李肇隆　　竖排山歌＿宁梓戈

　　都庞岭山脉的九狮岭下，生活着3万多勤劳坚毅的瑶族同胞，他们那异彩纷呈的民俗风情，体现了瑶族悠久的历史。有许多传统节日独树一帜，其中农历八月十五敬奉开天圣母目母婆生日的活动，就是一项反映东山瑶历史风貌的民俗活动。

　　"目母婆"又称"开天圣母""九天圣母""开天圣婆"，她是盘瑶敬奉的神圣女神。千百年来，她的创世业绩广为流传。在天地重合的远古时代，瑶家的创世英雄盘古王，用手中的斧凿开天地每一凿，使天高33丈、地宽333尺，目母婆看到凿开的天凹凸不平，便顺手解下自己的罗裙，向天上甩去，罗裙在天空撒开，如熨衣服一般把天空变得天衣无缝，裙子上的彩绣也将天空染得七彩流光，无比辉煌。于是瑶家后代像祭祀盘古王一样祭祀目母婆，瑶家妇女更是这一祭祀活动的积极参与者。每逢农历八月十五到来之前，头人都邀集各家各户筹集资金举办活动。节日那天上午便请来梅山道公，吹起唢呐，敲锣打鼓，抬起四人大轿来到盘古王庙，将目母婆像请上轿，然后一路细吹慢打回到寨子的祠堂。妇女们备上酒菜前来敬奉目母婆，她们恭恭敬敬地将供品放在案桌前，斟酒三樽，叩拜三次，祈求女神保佑全家康泰。

　　次日，人们兴高采烈地用花轿抬起目母婆像遍游各村寨，这个活动内容叫"游婆婆"。游婆婆时，有的两村结为亲家。这种亲家指今年你村是头人，到我村来游，由我村盛情款待午餐；明年我村是头人，若到你村去游，你村招待午餐。主持"游婆婆"的头人，带领道公和大队人马，每到一个村寨，都由道公跳目母婆舞庆贺节日，以求寨寨平安。

当游婆婆的队伍到达村寨，人们放36股组合的连珠烛台炮，以表达人们节日的喜悦和对开天圣母目母婆的崇敬之情。"游婆婆"的队伍游到哪里，哪里就是一片欢腾。道公跳庆目母婆舞时，另有四位漂亮的姑娘为道公伴舞，人们称之为"调群"。只见她们手拿红布，和着道公的舞步跳起圣舞，调群的舞姿柔和质朴，轻松自如，进退左右，举手投足间于沉稳中显出大方活泼、平中见奇的生活景象，在场的观众自然而然地和着音乐的节奏参与其中，扬手扭腰，蹲跳踏步，咚嗒、咚嗬地翩翩起舞。

节日之夜，明月当空，银辉皎洁，把坛师傅在目母婆降坛跳神之前，重敲大鼓，擂出密如急雨的鼓点，并放声高歌：

　　　　神是高天目母婆，轻移莲步起歌堂。

　　　　本坊修建中秋会，细吹慢打降堂场。

　　　　烦动乐官慢打鼓，威灵显圣去扶桑。

歌声甫落，唢呐、小鼓、铜钹声起。乐声中，扮作目母婆的道公戴着目母婆的面具降临堂中央。面具慈眉善目，俏丽的脸上略含微笑，容貌给人以端庄、贤淑之感。只见道公手拿一条红花巾，边轻移莲步边抚发整衣，然后合着乐师一轻一重的鼓点，扬手闪腰，时而进退撅脚，时而转身合步，时而抬脚腾跳、蹲步切身，时而蹲跳并用，形体灵活，步履刚健，于跺踏腾跳间，形象地表现了开天圣母战胜大自然的气概，当道公刚刚舞罢退入后堂，场中又响起梅山道公的请神歌。

众人聆听道公叙述开天圣母的创世业绩，崇敬之情油然而生。这首创世长歌记载了目母婆帮助盘古开天辟地，自己"制山制水制岭制米粮"的艰苦创业过程。闹粮荒的大旱之年，她又驾起祥云到天上，

九狮岭下瑶寨旁
开天圣母坐殿堂
瑶族妇女来祭祀
祈求女神佑安康

找来谷种，"散在百家门下做种粮"，使世间"一份五谷十份得，一颗落地满仓粮……"

唱赞颂目母婆业绩的创世长歌和跳庆目母婆舞，是庆目母婆民俗活动的主要内容。这一敬奉活动持续三天后，众人又抬着目母婆像，一路吹打送回盘王庙，当梅山道公做完收兵安坐的法事，活动便宣告结束。

敬奉目母婆的民俗活动，寄寓了瑶族同胞尊重女性、追求生活安康的善良而质朴的愿望。

侗家十五走寨

正文 _ 苏韶芬　　竖排山歌 _ 宁梓戈

农历八月十五是侗乡极为隆重的节日。这天夜晚，青年男女要举行侗乡特有的走寨、对歌、打十五油茶的良宵盛会。

八月十五日晚上，当银盘似的月亮徐徐升起、给侗乡披上银装的时候，侗寨里"吃十五茶去"的喊声便此起彼伏，后生们三个一群、五个一伙，唱着侗歌，吹着木叶，纷纷上路去走寨了。后生们"走寨坐妹"，最有趣味的算是吃八月十五茶了。

侗家姑娘好打十五茶，是自古传下来的习俗。八月十五月圆，象征团聚，亮堂堂的明月高挂碧空，给旧时后生们晚上走寨提供了最好的照明，后生们早早吃了晚饭，相邀结伴去走寨吃茶。

这天晚上，侗寨的姑娘吃罢晚饭后，也不约而同地各自带着米花、黄豆、糯米、茶叶等聚集到一人家里，等待走寨后生哥的到来。当大家相聚到一起时，男女双方，很自然地对起歌来。歌来歌往，每个人都唱得如痴如醉。当大家对歌、交谈到深夜时，姑娘们便打起油茶来招待大家。这茶叫十五茶。这茶与往日之茶略有不同：除了丰盛的配料外，更有姑娘们融进来的绵绵情意。

吃了八月十五茶，后生们还得过一道关卡，那就是与姑娘即兴对歌，答得上，有茶吃；答不上，别想端碗，只能坐在那里看着别人喝，让人笑话。

在唱歌吃油茶中，只要有姑娘看中了你，吃茶时她便找你作为对手，先唱些表示自己没有好茶招待的谦词，然后一边递茶给你，一边唱歌考问你，在你回答她的歌后，就要看她对你的态度了。

考问的方式不再是歌，而是在她端给你的油茶碗上，放不放筷子、放多少根筷子——这是姑娘传情的一种方式。两双筷子，是试探

走寨品茶香
小伙会姑娘
喝茶把歌对
意在配成双
姑娘考小伙
筷子做文章
解得个中意
结成美鸳鸯

你是不是早已有了对象；放一根筷子，是问你是否对她有意思；不放筷子，是考你是否聪明；只有放上一双筷子，才表示倾慕对方。如果这时后生哥接过油茶喝下，便是两人爱的起点，姑娘会欣喜万分，与你更加倾情唱歌。

八月十五茶以油茶传情，是侗族姑娘热情真挚认真对待择偶的一种方式，也是侗族青年男女互相接触、彼此了解、增进友谊的举措，它像十五明亮的月色一样明净、亮丽、秀美，令人痴迷陶醉。

侗家芦笙节

正文 _ 黄钟警　　竖排山歌 _ 宁梓戈

　　侗家的笙歌属于秋天，属于月朗星稀、银河璀璨的美好秋夜。悠扬的笙歌使秋夜变得深邃、清凉。糯谷在灌浆，肥鲤在泼辣地戏水。丰收在望，人人心里涌动着江河，只有江河般的流泻才能表达侗家人对这些日子的心情。侗族关于芦笙来源的款词里说，芦笙的曲调是从江河里捕捉到的："从水滩的流水'奢奢'，得把'这列'；从水滩的流水'学学'，得把'过略'……"芦笙按音阶来区分有高、中、低三种，论形状则有大、中、小三种。大芦笙洪亮、雄浑，有如男高音；小芦笙声音清脆、圆润，有如女高音。大的高达八尺或一丈，上路时扛在肩上，吹奏时竖在地上，沸天震地；小芦笙玲珑纤巧，吹着它翩翩起舞。

　　还有与它们搭档的"卜筒"，用多节大竹制成，斜斜地架在地上，像风箱一样吹出"卜卜"之声，有如雷鸣风吼。音色虽显单调，但有它能烘托笙乐，使之突出、鲜明、和谐，像爵士鼓于现代乐曲一样不可少。

　　秋夜，侗乡寨寨有笙歌飞出，从山坡上，从山冲里，从小河边。彼此应和，凝成浮云朵朵。但由于互不照面，余音袅袅，有了淡淡的寂寞和怅惘。于是，就有了寨与寨或几个寨子之间的芦笙赛了。中秋时节，则是最佳的比赛时段。

　　芦笙赛也是侗家"月也"（集体去做客）的好办法。

　　行当齐全，庞大的芦笙队踏月出发，每个人头帕上插着一根野鸡翎。芦笙像军中号，有它特殊的语言。途经不是自己要进的寨子旁边时，要奏"借路曲"，示意他们借此路过，原谅他们惊扰了乡亲们。否则，是粗俗缺礼。快要到达目的地时，急促的笙歌如骤风响起，这

中秋节

是"报信曲",通知主人,他们来了。于是,寨子里顿时忙碌起来。主妇们立即准备好待客的饭菜,其他的男女老少都挑起油灯挂在巷子里、鼓楼坪上,青壮年芦笙手们则抱起芦笙集合到村口吹起"迎宾曲"。客人近了,双方吹得更起劲了,大家都腾不出嘴和手来招呼,只是频频点头,以眼示意。欢乐的芦笙曲,就是他们此时的心声。

"进村曲"把客人引到灯火通明的鼓楼坪上。笙歌堂开始了。三个身穿百衲衣、笙管上插着花草的客队后生先奏"开堂曲"。他们边吹边舞,旋转如风,宽大的衣摆撒成彩色的弧线。舞完了,全场高声喝彩:"浅啦唷!""吁啦唷!""哈啦唷!"

接着是客队合奏。吹高芦笙的整齐列队,落地而吹,众多吹小芦笙的则绕着它们吹呀,转呀,十分热烈。大家配合默契,吹得和谐整齐,舞得粗犷奔放。最高兴的是主寨的姑娘们,一个个俨然如高傲的公主,时而掩嘴微笑,时而高声大笑,纵情欢乐。只要你细心观察,其实笑,为的是遮掩她们投向芦笙队后生脉脉含情的目光。

客人踩堂过后,请客便进行比赛了,看谁的芦笙能压过对方。鼓楼坪上形成了对峙的局面。几声"浅啦唷""哈啦唷"的欢呼后,比赛开始了。芦笙曲就像两条河同时奔腾起来。双方使尽平生的力气吹奏,特别是卜筒吹得最起劲。置身在此时的鼓楼坪上,有如征战的将士,周身热血沸腾,鼙鼓大作,万马齐鸣。偶有受惊的禽畜窜出栏圈,只因它们不知道人间节日的快乐。

此时,近在咫尺,对奏又往往成为合奏,常常分不出泾渭来。这时,有经验的老人往往爬到寨子后面的山坡去俯听,细细品味,慢慢辨出高下来。当然这比赛并不宣告输赢,只是为了友谊,为了尽兴而已。

比赛完毕，主人们争着跑上前去摘下客人们插在头帕上的野鸡翎，然后举起手示意，客人们就各自跟着自己的野鸡翎走去——主人的油茶、酒菜在等着慰劳你。

待酒足饭饱后，客人们吹起"告别曲"上路回程，这时，月儿已西斜了。

侗家节日芦笙响－吕建伟　摄

中秋节

回族三大节日

回族同胞最为隆重而又热烈的节日，阿拉伯语称『尔德·菲图勒』，是穆斯林庆贺完满地度过一年一度的斋月活动后的庆祝日。

开斋节

麻承福

　　回族同胞最为隆重而又热烈的节日，阿拉伯语称"尔德·菲图勒"，是穆斯林庆贺完满地度过一年一度的斋月活动后的庆祝日。每年伊斯兰教历的九月初一这一天，夜幕即将降临时，在桂林城乡回族的聚居地，虔诚的穆斯林们便纷纷登临清真寺的宣礼塔，或登上高楼楼顶，或攀到小山头上，朝着同一方向——西方的天空瞭望，见新月出现即行入斋，进入斋月。在斋月的一个月时间里，每位把斋的穆斯林，每天从黎明开始，到太阳落山，不能喝一口水，也不能吃一口粮，并戒除一切非礼的言行和邪念。待晚霞退去，夜幕降临，把了一天斋的人们，开始开斋进食，然后到清真寺进行"泰勒威哈"的礼拜。

　　第二天黎明破晓之前，洗手、洗脸、漱口，做封斋饭，进餐完后又是一整天的水米不沾，一个月内周而复始。

　　因为伊斯兰教历与公历及我国的农历有所不同，伊斯兰教历源于圣人穆罕默德从麦加迁徙到麦地那的历史来命名的，公元622年7月16日是伊斯兰教历太阴年1月1日，2013年已经是伊斯兰教历的1434年了。所以斋月出现在我国每年的季节并不相同，有时正是炎热酷暑季节，但即使口干舌燥，把斋的人也滴水不沾；有时适逢严寒的冬季，人虽饥饿寒冷，却也不进半点食物。圣人穆罕默德四十岁那年的伊斯兰教历9月，真主把《古兰经》的内容传授给了他。"莱麦丹月"（即斋月）是伊斯兰教历一年中最吉祥、最圣洁、最值得珍惜的月份。每一天都尊贵、吉庆。封斋一个月，是为了遵从主命，是穆斯林必行的五功之一。把斋的意义和目的在于通过一整天的不食不饮，忍饥耐寒，断绝各种邪恶思想、污言秽行，非礼勿思、非礼勿言、非礼勿视、非礼勿行，抑制个人私欲，以敬真主，接近真主。同时，把斋的人在亲身体验了饥饿与干渴的痛楚之后，才会体验穷人的疾苦，真正的生出怜悯之心，救济需要帮助的人；把斋，还能够让回族穆斯林培养出坚忍、刚强、廉洁的美德。

斋月和把斋有许多规矩，如斋月里不进行娱乐活动，不举行嫁娶；年老体弱者、病人、小孩、妇女孕期和产期都不需把斋等。

三十天的斋戒期满，新月又现，伊斯兰教历10月1日便是开斋节。对于回族穆斯林来说，开斋节的前夜就像中国春节前的大年三十一样热烈隆重。在外工作、经商或出差的回族子弟，不论多远都会提前回家。

开斋节那天清晨，全家老少先把家里和周边环境卫生打扫干净，自己再洗个大净，纷纷换上最好的衣服，男人带上白帽，妇女带上盖头在附近清真寺聚集。此时，也有不少穆斯林妇女在家里忙着炸油香、馓子，制作美味的清真食品，等着家人和亲友在节日里分享开斋的喜悦。清真寺内外在此前经过维修和布置，充满喜庆色彩，寺门口悬挂"庆祝开斋节""祝贺贵斋月"等横幅。开斋节这天凌晨五点钟的晨礼，穆斯林们都来清真寺礼"送行拜"。礼完"送行拜"后，就到附近其他清真寺向那里的阿訇、乡老们互相祝贺道喜，增进寺与寺之间回族同胞的团结。这天上午八时，各坊穆斯林聚集到各自的清真寺参加庆祝活动，大家进入清真寺后都高兴地排着队争交麦子钱（即"开斋捐"，过去每人以两斤四两麦子计算），这是穆斯林们感念真主赐予自己财富的具体表现，是应尽的义务。以前是直接把钱放进大簸箕里或放进乜堤箱，为了加强财务管理，交钱都开收据并张榜公布。再由寺管会集中清点，即时发放给回族同胞中贫困、残疾的弱势群体，帮助他们解决一些困难，使他们和所有回族同胞一样共同享受开斋节的幸福和快乐。其余部分麦子钱留作清真寺公用。之后，由阿訇宣讲"卧尔兹"，讲述开斋节的来历，庆祝开斋节的意义，穆斯林一定要爱国爱教等内容。然后举行盛大的会礼（礼"尔德"）。这天的会礼要比平时主麻日的聚礼隆重许多，人数也增加数倍，大殿外都挤满了参加会礼的人，环境因热烈而喜庆，情绪因节日而高涨，场面十分壮观。

会礼后，穆斯林一齐向阿訇道安，接着全体互道"色俩目"问候，互相握手、拥抱，祝贺节日幸福、快乐。适逢其会都有党委和政府的统战、民族、宗教部门的领导到清真寺，代表党和政府向全市回族同胞道喜，祝贺节日快乐，并亲切地与聚会的穆斯林一起品油香、吃米粉，共庆开斋节。

开斋节当天，桂林城乡的回族穆斯林各家各户都要到自己的祖先坟地走坟，按照回族习俗，走坟时，严格执行不准烧纸钱、蜡烛和香之类，不准放鞭炮，不准摆放任何贡品等规定。走坟时，清扫坟墓周边环境卫生，自己亲自诵颂《古兰经》，自己不会念可请阿訇念，参加走坟者必须静默恭听，为亡人祈祷，怀念亡者，反省自己，感谢先人们的养育之恩，珍惜自己有限人生，多做好事、善事，为自己及家人播下善的种子。

许多回族同胞都是一家老小全家出动去走坟的，还有不少是从外地专程赶回来走坟的，仅桂林八公里长的回族坟场，当天走坟的就达六千多人。坟场里满是戴着白帽和盖头、穿着庄重洁净衣服的穆斯林，场面十分肃穆而壮观。

走坟回来后，多数在家里做"知感"，接"都哇"，做油香或设家宴口道以示庆贺。也有和亲友一起到伊斯兰饭店或清真餐馆共同庆贺的。同时，穆斯林们还把自己做成的油香等美味食品，馈赠给不论是回族还是其他兄弟民族的亲朋好友和邻居，和大家一起共享开斋节的快乐。

古尔邦节

开斋节后的七十天，伊斯兰教历的12月10日，便迎来了古尔邦节。古尔邦为阿拉伯语，意为"牺牲""献身"，即宰牲献祭的意思。古尔邦还有亲近、接近之意，即洁己为礼，以希望接近真主主义。所以古尔邦节又称"宰牲节""献牲节""忠孝节"和"祭祀节"。

在古尔邦到来之时，桂林回族家庭都会为家人宰一只鸡或一只鸭，这是家庭内部为庆祝节日应做的事。经济条件较好的家庭，会自己买头牛，或与数位（七位以下）穆斯林一起，凑钱买一头牛或一人买一只羊，在古尔邦节的早晨牵到清真寺去参加节日会礼。在会礼结束后，请阿訇宰牲，所宰牛羊肉分成三份：一份出钱者自食，一份送亲友邻居，一份扶贫济困送给穷人。

宰牲的时间在伊斯兰教历12月10日、11日、12日三天内均可。在今天的桂林回族同胞中，古尔邦节已具有多重的节庆内涵，既是一个宗教节日，也是民族传统节日，更重要的是分享欢乐，通过古尔邦节，无论贫富，都能把欢乐与友爱无一遗漏地送给每一位穆斯林。

在古尔邦节宰牲的牲畜是有讲究的：凡瞎眼、瘸腿、缺耳朵或少尾巴什么的，都不能在古尔邦节作为"宰牲""献牲"之用，总之，它们一定是完好无损、体壮健美的。

同时，在这期间世界五大洲数以百万计穆斯林都云集到圣城麦加，进行游转天房，参加朝觐仪式及宰牲等活动。

圣纪节

圣纪节是回族穆斯林对圣人穆罕默德的诞生或归真的纪念日（相传圣人穆罕默德的诞生、归真同为伊斯兰教历3月12日，故有"圣纪"与"圣忌"的不同称谓）。桂林回族同胞对圣纪节的纪念仪式一贯都是很热烈、很隆重的。早在圣纪节到来之前，清真寺就会通过出宣传栏、讲"卧尔兹"，宣讲圣人穆罕默德的生平、功绩、大德，还有他在传教中所经受的种种考验和磨难，以及他智勇双全、善战善辩的动人故事，宣讲圣纪节的重要意义，弘扬穆圣的高尚品格。广大穆斯林节前就会主动捐出牛、羊、油、粮和钱物，并送往清真寺筹备节日活动。

节日期间，清真寺内外张灯结彩，横幅高挂，多为纪念圣人穆罕默德、庆祝圣纪节等内容。穆斯林在清真寺内聚礼，既为先知诵经祈祷，也为圣人赞颂，还要做讨白——忏悔仪式，忏悔过失，净化身心。因为"人非圣贤，孰能无过"，只有不忘圣人的教导，痛改前非，才能求得真主的饶恕，才会诚实地做人，在爱国爱教、敬主爱人中做出奉献。

许多清真寺还在这天在寺内支起油锅，人人动手，炸油香，做清真菜，没有人愿意错过这一天的活动。所费钱物是大家自愿捐赠的，做菜做饭是大家自愿动手的。众人赞圣，众人捐散，众人动手，众人会餐——这一天节日之"众"，更显回族的团结和友爱、虔诚和喜悦，让大家在隆重纪念圣人的节日里，既受到伊斯兰文化的教育熏陶，又享受到民族团结一家亲的莫大快乐。节日期间，也有举办穆斯林书画摄影展览、武术比赛、"卧尔兹"演讲比赛等活动，以丰富节日内容，缅怀先知的丰功伟绩。

爱国爱教穆斯林
三大节日好开心
齐颂党的政策好
民族团结一家亲

　　1949年中华人民共和国成立后，中国共产党和人民政府非常重视回族同胞的宗教信仰，非常尊重回族的民族习俗。每逢回族的三大节日，政府规定，凡是回族同胞到各坊清真寺参加三大节日活动，其工作单位不作旷工处理，不扣奖金。市领导及统战、民族、宗教工作部门的领导干部，在节日亦时代表党委和政府到清真寺向回族同胞表示节日祝贺。

回族三大节日

特色民俗节日

全州东山瑶族同胞能歌爱唱，自古就盛行以歌交友，以歌言情，以歌说爱，以歌订婚。在他们聚居的东山瑶乡境内，设立了插排岭、割草岭、潭顶坳三个歌场，并规定了农历正月初五到十五为赶山歌节的日子，八月十五是割草岭的山歌节，二月初二是潭顶坳的山歌节。

◈ 汉族 ◈
土地节

正文 _ 李肇隆　　竖排山歌 _ 宁梓戈

　　农历二月初二日，是土地公公的生日，桂林民间自古流传有敬奉土地的祭祀节日。古语云"有土斯有财""土中生白玉，地里长黄金"。由于人们生活日用衣食所需，皆取自土地，所以百姓尊称土地为"土地公公"。据史料记载，早在殷商时期，就有祭祀土地神的节庆活动。

　　土地神，又称土地爷、土地公公、福德爷、伯公、福德正神等。在道教神系中，土地是地位最低的神，但在民间信仰中却是极为普遍的神灵。因为在人们的心目中土地神长五谷、育万物，使人生存，是掌管一方村社的守护神，所以凡有人群聚居的地方，就有土地神存在。人们每年到土地公公生日之际，就会祭土地公公，祈祷乡人安宁，收成丰稔。

　　桂林民间信仰土地神的人甚多，凡有人群居住的村落，独家设有神龛的住户，厅堂上供奉门宗先祖牌位的，神龛下面必供有家堂土地。全村设有祠堂的，神龛下面必然会供奉宅场土地，旷野路头也会供奉山林土地。桂林民间的山林土地庙堂，多建立在山林古道旁边，庙宇使用砖墙瓦盖的殿堂极少，多是用三块高大的青石合围成墙，顶盖前后用两块大青石板搭好，使之前后排水。庙堂脊顶上，安上两端刻有鳌鱼、中间雕有葫芦的脊顶，便成为遮风避雨、百年不倒的山林土地庙堂。这种土地庙里，多供有穿袍戴帽的白发土地公公或白发土地婆婆的塑像。也有简单地请两块形似菩萨的石头，代为土地公公和土地婆婆。供奉在家里和村中祠堂里的土地神，每逢祭祀门宗先祖时，同样会受到户主的敬香朝拜。

　　设立在山野路边的土地堂里的土地公公和土地婆婆，绝不会因地

土地公公土地婆
留给人们话语多
老虎进山拜土地
地蛇要比强龙恶

处山野而受到冷落，相反能得到过路行人的更多敬奉和膜拜。因为凡路过的人，经过土地堂时，虽然未带香烛，无论男女都会在路边采摘一束鲜花，献给土地菩萨，并作揖祈祷平安康泰，四季吉祥。所以山野路边的土地庙堂里，无论春夏秋冬，都敬有绿叶鲜花，香飘四季。

土地公公和土地婆婆在民间是被人们祭祀最多的神灵。而每到农历二月初二生辰之日，得到的祭祀就更加隆重了。最简单的人家，都要在这个节日里摆上供果，焚化纸钱，顶礼膜拜，祈福丰收，求祷人丁康泰。有的村落在这日，除了杀鸡宰鸭供奉土地公公和土地婆婆，祈求庇佑、万事顺意、吉祥平安外，还要请戏班子到村里搭台唱戏，家家做好菜，款待亲朋好友。

有的人家还带着小孩到土地庙堂许愿，摆上三牲酒礼，焚香化纸，叫小孩跪拜磕头，祈求保佑花根端正、易养成人，并取名为土生或土保，而后宰杀雄鸡，将鸡血淋在神坛之上。

土地节，民间禁忌动土，不犁田不挖土，以示对土地的崇敬。这天，人们喜欢摘地菜花或白头公野菜做粑粑吃，传说吃了会祛邪安神，无灾无病。

土地节在20世纪50年代前，桂林民间多有祭礼活动，而后便逐渐淡化，今天，土地节已成为龙胜的民间百节之一，为研究当地的文化提供了活态的史料价值。

春　社

正文 _ 李肇隆　　竖排山歌 _ 宁梓戈

农历二月初二日是春社。桂北地区普遍都信奉社公菩萨，凡农村都设有社坛。这种社坛无任何设施，只认定一丛绿树下的一块石头，即为信奉的社公。

到了春社这天，认定某社坛为自己村子供奉的社公菩萨的人们，早在一天前就选择上好的糯米，做好粑粑。到春社日清早，多由家里主事的妇女，用稻草做一个烟包，长约两尺，在一端包入火子（即纸钱），放些大米、檀香木碎片。再用竹篮装上酒，小碟猪肉，供粑粑和楮锭香烛，就去社坛祭供社公。

这天，社坛香烟袅袅，供品堆积，人群拥挤，烧香化纸，作揖磕头。不管是本村或邻村，认识和不认识的人，都互相问候，加倍亲切，供后的供果粑粑都可随意品尝，特别是同去的小孩，会得到很多馈赠，叫作吃"社公粑粑"，吃了会家中康泰，社稷平安，村村和睦。

社坛没有庙宇，没有木刻泥塑的神像，只是树下的一个石头，这般无影无形，人们为什么那般敬畏这位菩萨呢？

老百姓心目中的社公菩萨，可是个崇高有趣的形象。相传，社公菩萨原是一位讲直话的好人。一次，一位大官想炫耀一下自家享有的山珍海味，便召集众衙役、差班、管家、用人问道："世界上什么东西味道最美？"想不到这位讲真话的人偏不买大官的账，他不夸山珍，也不赞海味，说："世界上味道最好的是盐！"

大官大为生气，就抓了一把生盐，当场要他吃下去。生盐怎么吃得下呢？于是，他就被这大官处死了。为了证明这人的话讲得不对，大官就不准厨师在菜里放盐。谁知，煮菜离开了盐，什么山珍海味都难以下咽。大官这时才觉得他的话讲得在理，后悔错杀了他，于是给

因讲直话犯官颜
当年社王蒙奇冤
昭雪自有民心在
吃的千般哪赛盐

他修了座小庙，尊封他为社公菩萨，让他享受春秋两祭。

这社公菩萨变了神后，却有点欺软怕硬了。有一回天下大雨路烂得无法行走，社坛边的水沟涨了水，人们走路无法跨过去。有一个懵懂鬼（冒失鬼），要经过社坛边的小沟，一时找不到木头架桥，就冒里冒失把社公菩萨当成普通石头，搬来放倒在沟里当石墩，一脚踩了过去。这过沟的人穿的是板鞋，底面是铁钉，社公菩萨痛得要死，但吓得连个屁也不敢放，一看那人鞋底上的铁钉，胆怯地说："哎呀，这人好凶啊，连脚上都长了牙齿呢！"

不久，又有一个善良的人走来，他是认识社公菩萨的，见社公菩萨被别人丢在沟里，便赶忙捧了起来，将他扛进社坛上端端正正地安放好，并责怪地说："哪个人这样缺德无礼，敢拿社公菩萨作路墩？"想不到这人的好心得不到好报。社公菩萨反而发火说："你为什么不早点来救我？！"说着便射了这人一箭。这人回去就得了"社公脚"（骨髓炎），成了终身跛子。所以民间流传一句俗语，说"社公菩萨宜倒不宜扶"，常用这话来讽刺那些欺软怕硬的人。

传说，社公菩萨很爱干净，要是有人敢在社坛边撒尿，他就会放箭射人，叫你生"社公脚"。凡是知道那处古树下设有社坛，人们屙尿都不敢朝那个方向。

为什么人们总爱说社公菩萨会射箭呢？大概是把"社"与"射"两个谐音字混淆了，才编出了社公菩萨射箭的故事，把真正的社公菩萨变成了人们又爱又怕的"社神"。

社日这天，农民不动土，更不会犁田，也不能播种东西，以示对净土社稷的敬爱。家家大小都兴吃社粑，有的还互相赠送，说吃了社

127

粑，会办事，更加机灵能干。

桂北的全州县，初婚的妇女，在过第一个社日时，还必须回娘家探望父母。这在《全县志》书中曾有记载："'社日'初嫁女归宁，在母家者，婿家必于前一日具米送之，谓之'送社领'，新妇亦有于是日返婿家者。"

忌地蚕节

正文 _ 李肇隆　　竖排山歌 _ 宁梓戈

　　桂林忌地蚕节在民间广为流行，但具体时间却不尽相同。如《灌阳县志》中记载，农历二月初二日忌蚕。民国十八年（1929）《灵川县志》说：二月以杀虫毒。全州东山瑶乡旧时有忌蚕节民谣，说的是"初一鸟（二月初一忌鸟），初二蚕（初二忌蚕），初三初四忌野羊（初三、初四忌野羊、野猪）。"可是在兴安忌地蚕的节日，却是每年农历的三月初三日。

　　兴安把农历三月初三定为忌地蚕节的缘由，县里有关的民俗资料记载：农历三月初三，已是暮春季节，这期间天暖气清，百花争艳，遍野覆绿，山林青翠。各种动物、蚕虫都复苏活动起来，那些躲藏在地下的毛虫、蝼蚁，都窜出来到地面活动，开始繁衍生殖，对人们的健康自然会造成祸害。旧时，民间缺医少药，人们便把治理灾害的愿望寄托在禁忌的虚幻理念之中。于是人们就采用"忌"的办法，以为用"禁忌"，就可使毛虫、蝼蚁、虫蛇收敛起来，这样便在民间流行起三月三忌蚕的节日。

　　兴安县旧时的三月三忌地蚕节，与其他县域民间禁忌相似。这天不准动土，即不准犁田犁地，也不准用锄头挖地、刮耙刮园。兴安民间忌蚕最流行的办法就是，到地里去采摘一把学名叫"荠菜"（俗名"地菜花"）的植物，这种荠菜多生长在荒芜的坪地或路边，叶子修长翠绿，虽然开花，但还算鲜嫩柔软，可煮作青菜，或和米粉做粑粑糕点。此外，还把它放在蚂蚁常爬的门边墙角，据说这种荠菜有一种特殊的清香，蚂蚁、毛虫一闻到这种气味就不敢来了。

　　三月三踏青挑荠菜的习俗，是古时民间就有的习俗，据传，过去每年到三月三忌地蚕节，兴安的城镇或乡村都有不少妇女到野外采摘地菜花，拿回家选好洗干净，选用开水焯熟，再用刀剁碎，掺和进糯米粉里，做成粑粑或糕点蒸熟，其味青香可口，余味无穷。有的将荠菜与猪肉合成，便可做馄饨、饺子、圆子、汤圆馅，更是妙不可言。

　　尽管这一节日活动不多，但是荠菜做出的美味却不少，更有妇女还将地菜花插在头上来装饰自己，庆贺节日，于是在兴安民间便流传这样一首歌谣："三月三，荠菜赛牡丹；女人不插无钱用，女人一插米满仓。"妇女们不仅用荠菜做粑粑糕点，还有的把芥菜插在自己的发髻上，或者把荠菜供在堂屋里，放在锅台上，说让它驱赶毛虫蝼蚁。

　　兴安三月三的忌地蚕节习俗，虽然是从古时传承下来的乡风民俗，但随着时代的发展，这一具有环保生态意义的习俗，民间仍有流传。

禁山节

正文 _ 李肇隆　　竖排山歌 _ 宁梓戈

　　禁山节是桂林民间流传的林业生产风俗，是封山育林的行为，又称"封山"。禁山节的风俗活动，一般都在春季的青苗会上举行。

　　禁山节流行于桂林各县民间，有的是独自一村举办，有的是联村举办。禁山节是一种利用树木的自然繁殖能力以恢复森林生长的举措。通常按照民间传统民约规定，对荒山、野岭、草地、堡坡、公私树林、水源祖林等进行封禁，不准上山砍伐，放牧牛羊，禁绝山火，利用树木的天然下种，树苑萌芽，是护育森林快速成长的方法。

　　桂林民间封山育林的风俗相似，但具体做法各地却有不同。在全州白宝、东山一带，旧时的禁山节多单独一村举办。无论汉族或瑶族，每个村寨都有管理村规民约的理事头人。有的村寨是以房族选出一人参与理事头人会，有的村寨则采用抓阄方式选出五至七人组成理事头人会。头人必须由村里长老或办事公道，威信较高的人担任。每年到了开春青苗会期，头人就叫一理事在禁山日的头天傍晚敲响铜锣，高声大喊："各家各户听话记音，明天早饭后派一人到祠堂门口集中，参加一年一度的踩山、刷界禁山节。"敲锣晓众完毕，这位理事还要准备几个木桶，浸泡石灰浆和草刷，以便封山育林刷界之用。

　　到踩山禁山的早晨，村寨各户来参加禁山的人，都会自觉地带上镰刀和结标的禾草，按时来到祠堂集中，跟着头人理事们结队上山踩界禁山。上山踩界时，有一理事不时敲响锣，表示晓示周围村寨民众，此山封山长禁。跟随踩界的人，见有界石就用石灰浆将界石刷白。如果界边是座大青石，就用石灰浆在上面写上"封禁"二字或"封山长禁"四个大字。若山林的界边是土岭，既无界碑也无青石，跟随踩界的人，就要在大树枝上或灌木条上结上一个稻草标，作为山界标志。

待全村寨公山公岭踩山认界完后，还要在通往山林的要道上，插竖写有封山禁令的木牌，告诫周围村民，严守禁令，违者严惩不贷。

禁山回来后，晚上各人带上酒菜，集中在祠堂里，全村寨共进晚餐。称之为封山酒。头人在餐间宣讲封山禁约，让本村人严格遵守，并有责任看护山林。旧时，封山禁令甚为严厉，对破坏规约禁令者，情节较轻的人，要鸣锣缚禁，或放鞭炮赔礼；情节较重者，没收砍伐工具，要自己鸣锣示众，或罚谷米、现金；情节特别严重者，要摆酒款待众人。如偷伐龙脉水源山林、太公祖山坟头树等，被认为是破坏龙脉风水，则可以重罚，或罚宰杀猪羊、安龙护宅，或伏垄敬祖，或杀羊一只由四人抬着绕村寨一周安龙镇宅，或杀鸡洒血于坟后，以补偿龙脉元气。旧时，封山以后，禁令一公布，很少派专人守护看山。如有人违令，都由头人理事去处理，罚得的物资和现款由头人保管，到岁末开山时清账，聚会摆酒公用。这种村规民约，虽然带有一点迷信色彩，但对当时保护森林却起了重要作用。

禁山节的活动，融入了群众保护山林、保护与生命息息相关的绿色之源的愿望，已成为民间进行环境保护的良好途径之一。

二月八叫叫春来早

正文_李肇隆　　竖排山歌_宁梓戈

　　兴起于宋代中叶的灌阳二月八农具节，是百姓为备耕生产自发兴起的集市活动，历史悠久，源远流长，走进二月八，那满街欢叫的"叫叫"催生着人勤春早的勃勃生机，成为二月八农具节活动最具特色的风景。

　　二月初八，正是春耕开始，农事生产物资互补交换，极利耕作，所以这个原本只是提供农民生产物资集散供求的民间集市，逐渐由灌阳水车、黄关两地发展到新圩、文市、新街、观音和灌阳县城等城镇。俗称"赶二月八"。每年到了这日，人们肩挑背扛着自制的农用家具、农机、种子、果木、花卉、肥料等涌入圩场，分类成行摆在圩镇长街两旁，等待交易。木质用具有风车、水车、打谷禾桶、脚盆、水桶、木橱、笼箱、桌凳；铁制品有镐头、镰刀、斧头、锄头、刮子、犁头、踏犁；竹制用品有簸箕、粪箕、撮箕、箩筐、篮子、雨帽、蓑衣等。其他摆小摊卖食品的、卖针线的、卖服装布匹的也有不少，总之一切农家生产、生活用具用品和食物等都应有尽有，形成一条真正的百货俱全的闹市长圩。这些农家用品不仅摆得多，因正值农忙前夕，农民正需添农具，所以购买的人也特别多，后来就逐渐演变成生产备耕的农具节了。

　　农具节上，特别为节日增添热闹气氛的是灌阳民间特有的习俗——"吹叫叫"。这有趣的"叫叫"，是用木头或翠竹做成的哨子，有的形状像鸟，有的像猫，各式各样。在哨子的管道中央夹一片薄薄的竹叶，嘴唇含着用气一吹，就会发出悦耳、悠扬动听的声音来。有的像公鸡催早，有的像鹅鸭高歌。这天的街头巷尾，乡村的晒坪草场，无处不响起"叫叫"的吹奏之声，给圩镇乡村平添了春意盎然的热闹

农具节上处处鸟
原来人们吹叫叫
生产物资大交流
叫叫一吹春来早

气氛。

赶农具节的老人和汉子，穿上节日的盛装，肩上或挑或扛着各式各样的农具、家具或小吃，一路上也吹着"叫叫"，汇集到圩坪上进行交易。人人吹奏"叫叫"的习俗，来自"叫叫"与"叫早"谐音。因春耕生产宜早不宜迟，吹起"叫叫"是提醒人们春耕要求早，示意大家快买好春耕生产的用具，及时开展播种耕作，夺取一年的丰收。这种特殊的警示人们赶快进行春耕生产的方式，给人留下难忘的印象。

二月八农具节，是灌阳最热闹、欢乐的民间节日，有着延绵千年的悠久历史，它不仅没有被历史长河的流淌淹没，反而随历史的进展而发展壮大。如今，灌阳的二月八农具节与瑶族千家洞民族历史文化，以及创新开发的梨花旅游融为一体，使古老的民间传统二月八焕发出新活力，增加了文艺娱乐、踏青旅游休闲等新的节日元素，热闹而富有韵味。

全州龙水农具节

正文 _ 李肇隆　　竖排山歌 _ 宁梓戈

全州龙水镇，有个年年不变，风雨无阻，数十里外农民都赶来买卖农具的农具节，也叫作"赶大闹子"。这个节日每年不止一次，农历的二月八、三月三、五月八、九月八都是农具大集市的节日。相沿成习的农具节，分别为春耕、春种、夏收、夏种、秋收、秋种提供了生产用具，确实为农事活动带来了方便。

每到农具节这天早晨，天刚蒙蒙亮，龙水街上的人就纷纷卸下门板和床板等一应物品，抢占门前位置摊子，一家要摆好几个，从茶亭岭一直摆到兰江桥上，足有二三里长。板子不够的，就把过去老秀才的旧匾额和老商人们的旧招牌板也抬了来。有的甚至连床、香案、茶几、长凳也搬来。一时间，交易市场的摊位就比平日里多了几倍。

到了上午八九点钟，四面八方来赶大圩的人就蜂拥而来，那些用单车驮来的、汽车运来的乃至双肩挑来的大包小包、大捆小捆很快就把所有的摊点租用精光，来迟了的人只好摆地摊。这里摆卖的东西，除了有往日的成衣、百货、家具和传统饮食品种外，还有各种农具。这些农具都摆在两水交汇的兰江桥转弯至踏水桥再延伸到虹桥一带，大的有木犁、木耙、箩筐、粪箕、簸箕、撮箕、鱼捞、虾耙、谷垫、打谷桶、风车；小的有蓑衣、雨帽、牛轭、犁藤、扁担、粪瓢、牛绳、镰刀等。它们都分门别类摆在可以摆摊的地段上。这一堆堆的农具，显示出当地农耕文化的浓郁氛围，在春耕生产迫在眉睫之际，农具节上的景象分明是在催促人们重视农事，切莫误了阳春。

尽管农具陈列成半里长圩，填街溢巷，但是太阳刚刚西偏时，那堆积如山的木犁、木耙、牛轭、犁藤、蓑衣、雨帽等就被抢购一空了。春耕时节，备耕备种置办一些较好的工具，为精耕细作创造有益的条

龙水农具节
俗称大闹子
农资大交流
一年有四次
货摊摆几里
人流满桑梓
满足各所需
各自乐农事

件已成为当地百姓的共识。

　　堆积如山的农具销完了，农友们背着新的农具，脸上绽开满意的笑容，踏上归途，就像无数条人龙，奔向四面八方。留给人们的是龙水鱼米之乡的农事民风，同时也窥知了龙水的富足和夺取丰收的劳动盛景。

购农具－孙良德　摄

点惊蛰

正文 _ 李肇隆　　竖排山歌 _ 宁梓戈

二月惊蛰，是农事时令节气。开春，气候逐渐暖和，许多动物从冬眠状态中苏醒过来。因此，桂北农村点惊蛰的习俗甚为盛兴。

民国十八年（1929）《灵川县志》记载："二月，惊蛰日，以石灰遍洒各墙壁，以杀虫毒。初八，以前为'花朝'，妇女成群结队入庙进香。"

民国三十一年（1942）的《全县志》中也有明确记载："惊蛰日，住宅四周遍撒石灰，或作弓矢形，云驱虫蚊。"点惊蛰活动在桂北地区，尤以湘桂交界的县镇农村为盛。

惊蛰日的头一日傍晚，各家各户都忙着打扫卫生，除了家中的房间、堂屋每个角落都要打扫干净外，住屋周围还要清除杂草垃圾，而后由家里的主事人，撮一粪箕石灰，先从屋内再到屋外进行点惊蛰。屋里的房间，堂屋墙壁角点上石灰，水缸用石灰绕着画上圆圈后，在堂屋中心还要用石灰画上一张开弓的箭，且箭头射向门外，表示任何虫蛇休想入内。住宅门外的墙角点上石灰后，要在较平坦的屋门屋后或村边地面上，用石灰涂画上各种动物和兵器的造型，通常有鱼、蛙、蛇等动物和刀、斧、铜锤等兵器。画得最多、最大的是青蛙。因俗有"懒人有福，蚂拐跳出屋"的谚语，它是指青蛙能吃掉害虫，赐福人

一声春雷万物苏
暖气微微动蛰伏
及时洁净农家院
石灰画就驱虫符

类，保证五谷丰登。涂画兵器表示镇邪除魔，祈求太平无事。

人们大概将"惊蛰"与"惊动""惊醒""针忌"联系了起来，所以要打扫卫生清除在墙角和门背的蚊、蝇、蛊虫外，还要画上兵器以禁虫蛇萌动。这天，不准弄响东西，更不得敲锣打鼓。妇女们禁止纺线和用针缝补衣服。

龙胜会期三月三

正文_黄钟警　　竖排山歌_宁梓戈

农历三月初三，是龙胜大山里各族人民购置春耕春种的生产物资和生活物资的传统会期。

三月三到来的前几天，远近的商贩来到这座处于大山腹地里的小县城沿街号下各自的摊位，而龙胜各地的山民们也早就准备好了上市交易的农副产品。这一天，人山人海的龙胜街上，戏台上的大戏、歌会与一街流红荡翠的摊位平分秋色，戏台的胡琴声拉得人心发痒，歌会里难分难解的对歌对到通宵达旦。

随着龙胜旅游业的蓬勃发展，县城传统的三月三会期，也自然成为龙胜一年一度盛大的文化旅游节，由于政府有关部门的精心组织和广大群众的积极参与，其规模越办越大，宣传效应也越来越强，可谓办出了龙胜旅游的特色品牌。

这一天，龙胜街上各种商品琳琅满目，而格外引人注目的是新崛起的旅游商品。绣着阳光、花鸟虫鱼、图腾、故事传说的精美华贵的民族刺绣、织锦和壁挂，既写实又形象地诠释着各族人民的向往和渴望。千姿百态和五彩斑斓的龙胜奇石和玉石，是日磨月琢和岁月淘洗的结晶，让人爱不释手，其品质和文化含量闻名遐迩。鲜活灵动、自然成趣又气韵夺人的龙胜根雕和石雕，排开了一道奇特的风景线。龙胜是全国生态示范区，天然纯净的果脯、香菇、干笋和曾是清代贡品的龙脊茶叶，更是让游客惊喜万分。

其实，龙胜三月三会期就是一个没设T形台的民族服装展示会。你看，那头系三角黑头巾、身着鲜艳红色上衣和彩色百褶裙笑吟吟走过的红瑶姑娘，像一片片映山红盛开在街间；头围印花毛巾、身穿绣着花边的白衣黑裤的壮族妇女，袅袅娜娜地走出俏丽的模样，仿佛一群白天鹅翩然而至；那耳吊长耳环，胸挂长项链的苗族女子，闪闪发光的银饰，闪动出青春的风采；那身着紫衣紫裙的侗妹，像一朵朵祥瑞的紫云，牵来万种的妩媚。游客们禁不住睁大眼睛，忙碌地摄像拍照，赞叹这大山合围的世界里的女子出落得如此光彩照人。她们不施粉黛、未着时装，可是那充满山野情趣的民族装束，穿在她们身上，格外地妥帖、美丽，就是换了时装模特来穿，也绝没有这种朴实的本色和天然的风韵。

最让游客着迷的是广场民族歌舞和体育竞技表演。这是一幅充满龙胜山水灵气和民族特色的田园风情画，从苗村瑶村和侗寨壮寨汇集而来。身着节日艳装的各族妇女，是歌舞表演的主角。通过旅游开发，她们一改往日的羞赧和局促。她们都有歌舞艺术的天赋，本来美丽的音乐语言、舞蹈语言就交织在她们生产生活的每一个环节中。如今，在旅游开发的鼓点中，载歌载舞的她们像清风一样轻盈，像云朵一样舒展，像花朵一样曼妙。

龙胜各地的山歌在这里得到充分的展示。壮乡的山歌，闪耀着龙脊梯田的山光水色；苗家的山歌，飘荡着八十里南山的牧草香和牛奶香；瑶乡的山歌使人想起瑶寨月夜的箫声；侗族大歌，则以它美丽的多声部和仿声的演唱，唱来了一个蝉儿争鸣的侗乡的夏天。这些歌手在广场上一一亮相以后，便分头到设在街上的各个歌台当擂主，接受各方歌手的挑战。

锣鼓震天，笙歌动地。载着婀娜，载着粗犷，龙胜各族的舞蹈体现着龙胜各族的生产、爱情和理想追求，既有激情的快调，也有恬静的慢板。一曲曲，纯朴中见雅拙，一段段，奇特中见野趣，表现了龙胜各族人民乐观向上的精神。

　　作为龙胜的旅游产品，龙胜三月三会期的文化含量丰富，民族特色浓郁，而且努力追求民族文化的原生态，充分体现其不可取代的文化魅力和文化价值。

民族团结山歌起－苏韶芬　摄

龙胜花炮节

唢呐声声，彩裙摇曳，万头攒动，人声鼎沸，这是龙胜花炮节活动的真实写照。

抢花炮，是龙胜各族人民传统的体育活动，至今历史已逾百年，每年进入农历三月三，抢花炮就在县里乡里轰轰烈烈地开展起来，三月三龙胜县城，三月四三门镇，三月十五泗水乡、马堤乡，五月五乐江乡，六月二十四平等和平乡，六月六江底乡，七月十四伟江乡，每当抢花炮的日子来临，当地的人们就像过大节一样喜气洋洋。

花炮节热烈、活跃，充满团结向上、蓬勃进取的精神。龙胜花炮节以龙胜县城的花炮节最有代表性。

三月三日清晨的龙胜县城，气象万千。你看，山道上花香鸟语，姑娘小伙喜上眉梢，货郎担一路唱着歌，憧憬着今天的收获。过了几个小时，从镇上传来震耳欲聋的鞭炮声，唢呐高奏、锣鼓齐鸣，金童玉女、飘髯长者和神采飞扬的人群，簇拥着三个流光溢彩的花炮盒和烧猪、红蛋、糯米酒等奖品，向广场走去。这时的广场早已是欢腾的海洋。姑娘的银项圈、银耳环、银头簪在阳光下闪亮耀眼，那节日盛装的花边彩丝，就像姑娘甜美的心愿。今天抢炮队的后生哥也特别有精神，一身运动服穿在身上就像个要出征的战士。

抢炮队按传统规矩产生，以寨或以单位组队报名，队员人数10—20人，比赛时出场队员人数相等。吉时将到，队员们都在场上蹦跳、揉手、揉腿，严阵以待。待一声炮响，把那个裹有红绿布条的铁圈冲上天，众人的眼睛都盯着天空，铁圈将落，眼明手快的队员竞相争抢，这是一场力的角逐，智力与能力的较量。

有的队员虚张声势，互相掩护，有的队员挤、钻、护、拦，个个

手拿花炮不舍丢
斗智斗勇展计谋
民族传统花炮会
人称东方橄榄球

使尽浑身解数。五指掌乾坤者，避实就虚，等众人上当后他忽地飞奔上前，将铁圈投入对方球门的花篮里，夺取了最后胜利。抢花炮极为惊险、激烈、刺激，难怪抢花炮被誉为"东方的橄榄球"。

头炮福禄寿喜，二炮升官发财，三炮人丁兴旺，这是抢花炮蕴含着的吉祥之意。现在，节日活动更重要的是促进商业贸易，增进民族团结。

花炮会上，吹芦笙、跳踩堂、对歌、演桂剧、唱彩调、斗牛、斗马、斗鸟、拉鼓等文体活动五彩缤纷，男女青年倚歌择友，谈情说爱。花炮节像一条联结友邻之情、兄弟之情、朋友之情、恋人之情的链条和纽带，年年岁岁群情沸腾，一片欢乐的海洋。

仙姑节和古靖观庙会

正文＿李肇隆　　竖排山歌＿宁梓戈

　　平乐阳安，旧时在每年农历三月初三日，村民们便举行仙姑节和古靖观的庙会活动。

　　圣山仙姑庙位于平乐阳安乡石面山村的南边，庙堂供奉修道成仙的谭氏二位仙姑。圣山仙姑庙和古靖观道观都建于明代，祭祀的会期节庆，都是每年的农历三月初三日。

　　这节庆的由来，民间盛传两个故事。

　　一说是：圣山山势状呈仙字，四季云雾缭绕，美如碧海。相传古时阳安一带，经常年年大旱，田地绝收，饿殍遍野。一天，一群老人来到圣山脚下，摆上供果，焚烧纸钱，跪地百拜，祈求老天降雨，好补种上小米杂粮，以免受饥饿之苦。

　　在圣山庙里修道成仙的谭氏二位仙姑，看见阳安百姓受旱颗粒无收，遭受饥饿的痛苦，听到老人们虔诚的哀求，心里很是同情，她俩就将阳安的旱情向天庭禀报，上天知道后，顷刻间就普降大雨，使枯死的禾苗得到时雨浇灌，禾苗很快就返青发芽，开花结实，秋后又得到了好的收成，家家户户免除了绝收挨饿的痛苦。村民从此认定圣山是一座灵验圣洁的仙山，谭氏二位仙姑是救苦救难、赐福显灵的神女。此后，每年农历三月初三日，阳安的百姓便纷纷来到圣山仙姑庙里祭祀谭氏二位仙姑，祈求风调雨顺，五谷丰登。年年如此，相沿成习，便成了祭仙姑的节日。

　　另一个故事说的是：相传阳安古时有一妖孽在此地行妖作怪，白天在田头山野吞食禽畜，夜里潜入村里伤害童叟，闹得人们不得安宁。每天日头还没落山，家家户户就紧闭大门，躲在家里不敢外出。一天傍晚，一个蓬头垢面的老人来到村里，见家家闭户，户户关门，便问是什么缘故。一位老人将妖孽作怪的事向他讲述后，劝他赶快离

崇仙信道有缘由
祈福酬愿度春秋
庙会活动年年旺
皆因为民把利谋

开，免受妖孽伤害。那披发老人说饿得无法行走。村里的老人就扶他进屋，并煮饭招待了他，还安顿他在内屋入睡。第二天早晨起来一看，披发老人不见了，往房里一看，见床上留下十二个大字："留宿感谢，夜斩邪精，人畜无恙，从此太平。"

老人这才明白，那披发老人，原来是驱邪斩妖的仙师。自此后，阳安一带再也没有被妖孽伤害的情况，人们为感仙师除妖斩怪之恩，每年农历三月初三日，就成为祭拜焚香感谢仙师除妖斩怪的聚会节日。

到了明代，阳安百姓在沙帽岭下修建了古靖观。

迄今，老百姓还津津乐道讲述仙师保护百姓击退日本兵的故事。在日寇侵入平乐期间，一队日本兵到阳安打抢，走到沙帽岭下的古靖观前，眼看村中百姓就要遭劫时，突然白帝爷爷显灵，行进中的日本兵，忽然有几个倒地身亡，其他鬼子被吓得胆战心惊，慌忙调转头逃回去了。

20世纪50年代前，每年到了农历三月初三，就是阳安古靖观的节庆会期，也是当地古老的传统民俗表演的盛大节日。村民们在头人的带领下，人人身穿节日盛装，抬着香烛供果，三牲酒礼，载歌载舞，来到古靖观和圣山仙姑庙祈求神仙庇佑年成风调雨顺，五谷丰登，六畜平安，人丁康泰。而后开展耍龙、舞狮、演桂剧等娱乐活动，直欢腾到日落西山，人人兴尽而归。

全州庙头农资节

正文 _ 李肇隆　　竖排山歌 _ 宁梓戈

　　在农历三月三，除壮、侗、瑶族有节庆活动外，地处湘桂边境，位于湘江和宜湘河畔的全州庙头镇，一年一度的三月三，也有传统沿袭下来的农资节。当地群众称之为"赶三月三"，或"赶闹子"，是当地和周边农民为适应春耕生产，进行农具、农资及土特产等产品互补交易的盛大集会。

　　庙头镇距全州城三十多公里，南与永岁、黄沙河相接，北与文桥和湖南东安县相邻，东与湖南珠山铺接壤，是湘桂两省重要交界之地，也是湖南进入广西的第一镇。此地土地肥沃，田园宽广，是桂北粮食的重要产地，旧时被誉为"富贵之乡"，是商贾云集的地方，经千百年的沿袭流传，久聚成俗，成为桂北民间农民聚会最热闹的场所之一，也是全州县一年中最大的农资节举办之地。

　　农历三月初三日，无须召唤，庙头当地和周边乡镇以及湖南冬安和零陵县境的村民，就会将自制农具、土特产品或挑或扛，赶早运进庙头镇，并自觉地分类成行，摆满街头。有木制的大件风车、水车、打谷方桶、柜橱，小件的戽斗、水瓢、扁担、锄把；铁制的有犁耙、踏犁、锄头、斧子、草刮、镰刀、禾镰、四子刮①、菜刀；竹制品有箩筐、粪畚、棚垫、大小簸箕、灰筛、撮子；等等。这些农具和农资产品从铁路口一直摆到宜湘河边的村口，长达两三公里。

　　这天节日早晨，镇上的居民为庆贺这一年一度的农资节，家家户户都事先就准备了喜炮，当天上午八九点钟，小镇上此起彼伏地响起震耳轰鸣的爆竹声，整个小镇沉浸在人流簇拥，欢声如潮，议价还

---

① 用于刮草的铁制劳动工具。

价，击掌成交的沸腾热闹中。湘宜河两岸人声鼎沸，庙头镇街巷一片欢腾，到处显示出农资节交易繁荣的景象。

在这欢乐的农资节里，赶节的人无不买得称心，卖得如意，为春种秋收做好了夺得丰收的准备，还有那些贩卖名特小吃的小商小贩，也赚了个盆满钵满。这里的名特小吃多种多样，有油饼、油炸花生坨、油炸红薯片等，最受欢迎的还是那红油米粉和油炸麻圆粑。这天，当地和周围村落的男女老少都要来赶三月三，青年男女在相识相知后，自然会双双进入红油米粉铺，吃碗"定情红油米粉"。那些老人带着小孩来赶热闹的，一走到那炸麻圆粑粑摊子边，一嗅到麻圆粑的香味，看到那裹着芝麻、油光糖亮的一串六到八个麻圆粑粑，个个垂涎欲滴，不饱吃一两串，哪怕大人再叫，小孩也是不肯离去的。

庙头三月三农资节，时久成俗，传统圩日的热闹，早已融入当地人民的生活。所以，每年到了这个节日，他们都到庙头镇上去享受这份欢乐。

立夏节习俗

正文 _ 李肇隆　　竖排山歌 _ 宁梓戈

　　立夏，是二十四节气之一，也是夏季开头的第一个传统节日。早在三皇五帝时代，立夏这天，皇帝便率三公九卿大夫到南郊迎夏，并举行祭祀祝融的仪式。到汉代仍然继承这一习俗。《后汉书·祭祀志》载："立夏之日，迎夏于南郊，祭赤帝祝融，车旗服饰皆赤，歌从朱明，八佾舞《云翘》之舞。"到了宋代礼节更加繁重，除迎夏之外，还要祀南岳衡山，祀南镇会稽山于越州，祀南海于广州，祀江渎于成都。立夏节祭祀活动自古就流行于全国各地，旧时桂林在民间也有节日的祭祀风俗。

　　立夏，虽然意味着夏天的开始，但在桂林，由于地理位置和气候环境的原因，却并没有立夏之感。桂林的农历四月，在立夏至小满这段时间，冷空气仍会常来，因气温不定的影响，冷暖空气碰撞僵持，会给桂林带来长时间的降雨，所以在桂林，五六月份便成为一年中雨水最集中的月份。

　　立夏是桂林民间拥有众多民俗事象的时节。这个时节，正是"才了蚕桑又插田"的农忙季节，农村犁田赶水，割青积肥，早出晚归，顶风冒雨，劳动强度特别大，体力消耗特别多，人们特别需要强身健体，增加营养。如1993年《灌阳县志·节日志》写道："立夏节，是日，家家户户都做汤圆或粑粑，吃荷包蛋过节，曰：立夏不吃粑，不算女人家；立夏不吃蛋，不算男子汉。"

　　民间流传的立夏吃蛋习俗，在桂林各县都有，并有谚语说："立夏不吃蛋，难在田埂站；立夏吃了蛋，石头踩得烂。"立夏这天，桂林乡村的农民，旧时家里再贫困，都要设法找几个蛋来吃，说是吃蛋为养硬脚腿，增强体质，好有力气在田间地头奔跑。一些殷实之家，还将煮熟的鸡蛋染成红蛋，用小网袋兜起，挂在小孩子的胸前，祝福孩子无灾无病，平安度过炎热的夏天。此外，还将红蛋馈送给村里的老人和小孩，表示向他们祝福问好。

桂林民间不少人家，在这天还会宰杀鸡鸭，做糕点食品；有的在这天特地煮螺蛳吃，表示春种秋收，陈仓满载，事事落实。这天忌踩门槛，要插皂荚枝、红花于大门边，以示压邪，在墙脚撒灰避虫蛇。

当今立夏节，在桂林民间城镇和乡村，不少风俗逐渐革除了，但立夏吃蛋的风俗却依旧流行，吃的蛋子也多种多样了，再不是煮熟的鸡蛋、鸭蛋，还有皮蛋、盐蛋、茶叶蛋、五香蛋、松花蛋等。

五月八崀头节

正文 _ 苏韶芬　　竖排山歌 _ 宁梓戈

　　农历五月初八日，是福利镇当地很早以前就形成的会期，俗称"崀头节"。现已是阳朔福利镇特殊的传统节日。每逢农历五月八日，阳朔福利镇的村村寨寨都为迎接送子送福的"公公""婆婆"而兴致勃勃。

　　福利镇，地处漓江边，往日水路的繁华，为福利镇提供了交通便利、贸易繁荣的条件，成为四乡八邻的物资集散地。因而福利镇的这个节日也远近闻名。前来婆婆庙求子求福的人非常多，所以每逢崀头节一到，人们都积极参与。

　　福利的崀头节很隆重，很热闹。崀头节，顾名思义是指祝贺当年生了儿子的人。每逢崀头节，当年添丁人家负责捐款、请戏班子、抬菩萨等一切事务。

　　相传很早以前福利圩建有三座大庙：天后宫、水源宫和行宫。宫里分别供奉着大小菩萨一二百尊，其中有两尊大菩萨，人称"公公""婆婆"。公公是春秋战国时劝郑庄公黄泉见母的颍考叔，婆婆是福建省莆田的林氏女。

　　传说林氏女非常善良，她死后，还保佑海上的渔民不遭海难，多次显灵护佑渔船一帆风顺，因此元朝皇帝封她为天妃，清康熙加封其为天后。所以在江边的福利镇也建起天妃庙和天后宫，以纪念天后娘娘。在人们的心中，天后娘娘还是一位百求百应的送子娘娘，所以人们把她尊称为"婆婆"。如果你去天后宫婆婆庙进香的话，你会看见婆婆神像前有许多小鞋子，"鞋子"与当地方言中的"孩子"谐音，送鞋子是人们对婆婆表示谢意。

　　农历五月初五日是公公的诞辰，五月初八日是婆婆的诞辰，当地便以初八为纪念日，"五月八"的民俗活动从初四便开始了，直到十五才结束，但以初八最为热闹。这一天，除了抬公公婆婆像游街、请戏班子唱戏、打醮念经外，还要舞龙舞狮、跑牌灯、舞板凳龙、踩高跷、扎"故事棚"、放花炮、放烟花等，同时宫门上贴对联，上联是"婆婆一片婆心，保佑人人生仔"，下联是"公公十分公道，教育个个孝亲"。

现在福利五月八会期的节日活动更是丰富多彩，在保持传统的民俗活动外，还增加了群众喜闻乐见的村屯文艺队的演出和打篮球、拔河、下棋等文体活动。在开幕式上，盛大的民俗巡游表演与促进当地旅游相结合吸引了许多外国游客的眼球，他们还接过舞龙舞狮的龙头狮头舞起来，亲身体验民俗活动的快乐。会期还展示当地特色产品、促进旅游发展。

近年来，会期又被当地政府改为福利镇五月八文化旅游节，三年一次大型的、一年一次小型的，活动时间为一个月，牌灯队、群狮队、双龙队、倪家傩舞、龙尾瑶族冲鼓舞、唢呐队、腰鼓队等在节日期间都各显身手，还请来湖南、贺州、恭城等地活跃在民间的文艺表演队，连续几天几夜的大戏让大家过足了戏瘾，同时又为当地的经济发展带来了勃勃商机。

江头村姑娘节

正文＿李肇隆　　竖排山歌＿宁梓戈

　　灵川县青狮潭镇的江头村，群山峻岭，众水环流，风光怡人，良田千顷。全村180余座明清时期的古建筑屋宇，展现出该村浓厚的历史文化积淀以及丰富的社会人文景观。村里大姓周家，为北宋理学家周敦颐之后。该村每年农历五月十四日，是流传甚久的民间传统节日——姑娘节。这天，村民们欢欣鼓舞地举行一系列富有民俗文化特色的庆祝活动。其中，抬仙姑花轿、姑娘木梳巡游、跳莲花舞、舞龙狮、扭秧歌等活动最受欢迎。

　　江头村姑娘节由来已久，演绎成俗，且有一个美妙的民间传说。相传明清年间，江头洲有一户贫苦人家的女子，名叫苦妹，她生性善良，热情大方，勤劳刻苦，会种植青麻和饲养鸭子，并毫无保留地将技艺传授给邻里乡亲。湾河对岸的田尾洲村，有个砍柴卖的青年，人们叫他柴郎，时常挑柴路过苦妹的家门口，歇脚时，常向苦妹讨水喝，两人接触多了，相互便有了爱慕之情，一日柴郎挑着大柴经过苦妹门口，累得满头大汗，苦妹便送了一条丝绸腰带给他抹汗。柴郎明白苦妹心中藏有的意思，就在大山里砍了一节沉香木，精心制作了一把木梳送给苦妹。相互赠送的丝绸腰带和沉香木梳，就成了两人的定情礼物，不久两人就结成了恩爱夫妻。婚后小两口过得十分美满幸福，与通村邻里相处得和谐友好，村里人都把苦妹称为满姑。

　　有一年的五月十四日，苦妹清早赶着一群鸭子到东山脚下放养，她就地坐在草坪上，从头上取下柴郎送给她的木梳慢慢梳理着头发。忽然，一阵清风刮来，天上飞来一只乌鸦将她的木梳叼走了。她一惊，站起来急忙追赶那只乌鸦，见乌鸦飞进了山洞，她也毫不畏怯一头闯进了山洞。她睁眼一看，大山洞门宽敞，里面有青山绿水，仙气氤氲，小鸟鸣叫不停，山风飒飒吹拂，洞厅里有一块光滑闪亮的青石，苦妹感到乏力，就坐在石头上歇息，谁知一坐上这石头，手脚就酥软，四肢无力，顷刻间人就化成了石头，精魂就成仙去了。那群鸭子回村报信，柴郎急忙飞跑进山洞，只见妻子苦妹坐在青石上对着他微笑，再也起不来了。

柴郎知道苦妹化石成仙离开了自己，悲伤地回到村里，把在岩洞里见到的事告诉了大家。全村男女听后都又惊又喜，吃惊的是苦妹这种好人，竟年纪轻轻地就离开了大家；喜的是聪明能干、善良助人的贤惠之人，好事做多了，终究会得到神助，化石成仙，脱离凡世人间登临极乐仙界。村里人为纪念这位成仙的苦妹，就把农历五月十四日，定为祭祀苦妹成仙的姑娘节。

旧时，每年到了农历五月十四日这天，江头村的男男女女，在村老的召唤下，大家高兴地聚集起来，走到东山脚下用轿子抬起苦妹的塑像，再叫四个姑娘抬着巨大的木梳，随后跟着舞龙、舞狮队伍，在锣鼓齐鸣、唢呐高奏、礼炮声声的热闹气氛下，巡游江头村的各个街巷，每经过一户门口，都会受到户主的鸣炮欢迎或香烛纸钱敬奉。巡游完后，大家聚在一起。有的舞狮挥刀耍棍，有的演戏跳舞，有的竞技对歌，直闹到夕阳西下，将仙姑塑像送回原处，大家才回家宰杀鸭子，斟酒举杯，阖家吃罢晚饭，姑娘节的节庆活动才算结束。

祭广福王跑大王趔节

正文_李肇隆　　竖排山歌_宁梓戈

　　跑大王趔节庆,是临桂五通,灵川普贤、桐木十三村一带,自南宋时起,民间就在义江南岸,举行祭祀广福王敬神游乐跑大王趔的节庆活动。

　　据清道光元年(1821)谢沄修《义宁县志》①卷二"古迹"记载:"惠宁祠武当者,姓武氏,当其字也。刘蜀时偕诸葛武侯南征牂牁蛮,追奔逾岭,当乘暴涨水入,溺死于智慧源。厥后英魄感发,白昼擐金甲兜鍪而出,挥石大呼,声震山谷。着屐临流而坐钓石矶上,屐痕宛然。邑人建庙祀之,宋崇宁元年,县令陶迥闻于朝,始赐庙额'惠宁'。绍兴二十五年,李晋臣请上褒封,明年秋赐爵义宁侯,后累加英显公英济公广福王至今,水旱祷之辄应。"

　　又,"坛庙"记载:"广福王庙旧称惠宁庙,在(义宁)县城西北十五里祀,后汉武当,宋绍兴间加封英显公,又加英济广福王,礼部题状并教书刻石在庙。明永乐十三年,板田里别立庙,其后临桂、灵川皆有庙,以惠宁为始,呼为祖庙。"

　　另,"风俗"记载:"丰年则抬广福王神像于村落庙中奠祭……"

　　由此可证,两县民间流行的跑大王趔节庆活动,实为祭祀广福王,旨在喜庆丰收,求神庇佑,五谷丰登,人丁康泰。这一民间节庆活动,每隔三年举行一次,时间都定在秋收后的冬季进行。活动内容丰富有趣,蕴含着厚重的乡土文化韵味。

　　跑大王趔节庆活动,十分庄重热烈,参与的人特别多,气氛热闹,每次的节庆活动都组织得严谨有序。活动的组织者,一般都是广福庙的庙祝和各村有名望的头人施主,以及各村寨的族长。他们事先集会议事,细密分工,有的担任跑大王趔的首事,有的担任活动总管。首事们

———————————

① 义宁县,旧区划名,今桂林市临桂区五通镇。

筹齐好活动所需物资、设备后，就通令各村寨选出参赛人员。参赛者必须是身强力壮的青年男子，女子只准看热闹，不能参加竞赛游乐。

各村寨参赛队伍组织好后，在活动举行前，都要去活动场地选定赛跑路线，这叫作寻趟。寻好跑趟的路线后，各队要在自选的趟线上练习，这叫作排趟。正式比赛时，每个队还要派人在趟线沿途维持自己赛段的秩序和安全，这叫作立趟。立趟多由妇女、小孩和老人担任。竞赛起跑叫发趟。比赛时参赛的人中途跑不动了叫丢趟。参赛队伍中在中途有人丢趟不跑了，可以换上另一人接着跑叫接趟。接趟和丢趟，像田径接力赛一样，换上人即跑，不能暂停。在竞赛跑趟中，本村人看到自己参赛队伍中有人跑得慢了，可用泥巴砸他，表示喊他加油鼓劲，使劲快跑，这叫作砸趟。如果被砸的人还是跑不快，后备的人员可以立即把他换下来，这叫作抢趟。

跑大王趟活动除了规则严格外，语言也有严格的要求。在活动中，凡参加的人员都要讲"行话"，寻趟、排趟、立趟、发趟、丢趟、接趟、砸趟、抢趟等不能讲错，否则就会被人嗤笑为外行，且会被人认为是对广福王不恭敬。

据传，临桂义江最热闹的一次跑大王趟是在民国三年（1914），这次祭祀广福王活动可谓盛况空前。报名参赛的有十八个村寨的队伍。光是义江东岸就有九支参跑队伍，称东佛队；义江西岸亦有九支参跑队，称西佛队。每个队的队员人数不限。这年的农历十一月初三日，正是广福王的生辰，天气晴朗，义江西岸冬日融融，人山人海，各个村寨万人空巷，义江两岸的河堤树下，人流涌动，笑语喧哗，沿岸卖食品和卖茶点的吆喝声、叫喊声荡漾在农田旷野。江的两岸，有序地插着丈许高的红、黄、绿、蓝三角形彩旗；各队跑大王趟的路线上，都插有彩旗作为标志。参赛的青年男子，都装扮得英俊威武，站在起跑点，待令出发。看热闹的观众也都穿上了节日的盛装，期待着跑趟的精彩。整个义江都沉浸在欢乐喜庆的节日氛围之中。

上寨是跑趟起点，东、西佛队都严阵以待地排列在起趟线上。每队十个壮实的年轻汉子，抬着一尊约五十公斤重的广福王佛像，各队佛像的坐椅用一根葛藤牵着，相互连在一起。藤上挂着一把磨得雪亮锋利的镰刀。队伍后面不远处，一个发号人点着一炷香，正等待首事发令点炮。

当太阳升上牛牯岭头，首事一声令下"发趟"，发号人用香火点燃鞭炮，一声震天巨响，抬着广福王像的壮汉，便迈开双腿飞身起跑，顿时，赛场上人声鼎沸，鼓锣雷动，只见参加跑大王趟的壮士，穿着短裤，光着身子，打着赤脚，如蛟龙出海，猛虎下山，迈步如飞，逢水过水，逢沟跨沟，芒草拦路，踏草而过，刺丛挡道，跨步飞越，勇往直前，毫无畏惧。每个人在飞越跑趟中，都显示出无穷的力量，表现出勇敢坚强、快捷睿智，刀山敢上、火海敢闯的取胜精神。

据传，民国三年（1914）的跑大王趟节庆活动，东佛队的谢老三跑得最快，首先抵达终点，立了头功，获得嘉奖。

跑大王趟的节庆活动已在民间消失半个多世纪，但它起于宋代，在民间兴盛了千百年之久，是祭祀广福王的民间敬神娱人的节庆文化活动，临桂、灵川两县的县志中都有词条记载，足见这古老的祭祀广福王跑大王趟节庆活动在当地的历史文化中有着一定的分量，在人们的节庆文化生活中充满着敬神祈福的游乐魅力。

峡田大王生日庙会

正文_蒋忠民　　　竖排山歌_宁梓戈

"万户频来酬帝德，百姓立寺助神威"，位于兴安县兴安镇道冠村委关口岭下的峡田大王神庙的对联，道出了这里每年农历八月初三开始的峡田大王生日庙会的意义。

现存的峡田大王神庙是近年新修的，过去的老庙因年代久远、风雨侵蚀早已毁。庙侧竖立着几块捐资功德碑，最早的是清光绪三年（1877）的。庙里供奉的神像与其他庙宇截然不同，不是近乎完美的菩萨造型，而是一位面容慈祥的头戴官帽的老者。当地老百姓说，这就是峡田大王。

峡田大王缘何得名、缘起何时，村里的老人没有人说得清。他们记忆中，峡田大王是一个一直流传了几百年的传说，推测大约在明朝时期就有了。传说中的峡田大王姓王，曾经应该在朝廷当过大官，因故被贬，才来到古灵渠畔的道冠隐居，当地老百姓不知其名，都称呼他为王丞相。王丞相在世，为地方百姓办了许多好事，比如出资疏通渠道、修通连接各村的道路、实行水源共享等，道冠这一带，有了王丞相的帮助，年年风调雨顺，岁稔年丰。

王丞相去世后，就葬在道冠村头的一棵古枫树下。当地老百姓为了感谢王丞相恩德，纪念这位来自异乡的贬官，他们寻找到关口岭这块风水宝地，修建了峡田大王神庙，每年王丞相生日这天，村民自发地聚会在一起，烧香礼拜，唱大戏以表纪念。久而久之，成为吸引四周各村参与的盛大庙会。

当地流传着一种说法，凡是在峡田大王生日唱过大戏的年份，就风调雨顺，五谷丰登。

峡田大王生日庙会的主要活动，就是来自各地的戏班子唱大戏。

村里老人回忆说，解放前唱戏，一般至少唱十天，头三天叫作唱"愿戏"，戏班子不收钱，后来几天戏班子就要收钱了，这笔钱由村民各家各户凑齐，村里有钱人家也会多多赞助以捐功德。那时候，村里人家一般每人凑钱1—2元，每头牛和每头猪也要凑1斤米，说只有凑了钱，才能得到峡田大王的保佑。

从1949年新中国成立到1980年这段时间里，庙会中断。1981年秋再度兴起，从此每年都举行，一直到如今。

道冠村委一位老村干部介绍说，2000年以前，村里按照每个人5—10元的标准，由各队队长统一收取，上交到村委，用于庙会演出和聚餐开支。村里人凡愿意参与聚餐的，每人还要另交5元的聚餐费。唱戏不再请外地戏班子，而是以本村老年文艺协会为主，加上周围各村前来参加庙会的文艺队，至少也要演出十来场，每晚一场。

以前的演出在古枫树下王丞相墓前举行，后来修路，墓被平掉，就改在村委礼堂进行。演出那天早上，要举行延请峡田大王神像的仪式，从几里路外的关口岭神庙中，将峡田大王神像恭迎到演出舞台前，搭一个临时的小棚子作为临时神庙，让峡田大王能够近距离"看"演出。

过去，庙会的演出活动都由村里的老年协会操持。

如今的庙会演出，已经成为各村文艺队大展身手的舞台，经费也不再需要各家各户凑集了，都由村里做生意的各种经济能人赞助。从这一点看，峡田大王生日庙会，又是道冠一带乃至兴安镇的经济能人展现自己的舞台。真可谓是庙会搭台，经济唱戏，古老的节日又有了新的活力。

逛庙会看调子

正文 _ 苏韶芬　　竖排山歌 _ 宁梓戈

在桂林，每一个村子追寻自己的源头时，都会和当地庙会联系在一起，那是村落文化的延续。那源远流长的传说，那一辈辈人所遵循的礼俗，都呈现出特有的文化元素，一个个文化庙会也因此在这片土地上得到传承。

湘漓古道上的湘漓镇有一个普头庙会，每年庙会的活动都以唱大戏为主，唱大戏的庙会舞台都热热闹闹，吸引了周边9万多位村民前来观看。普头庙会的会期从农历九月初一开始，时间一般是3—7天，第一届普头庙会的会期只是几天，到了2010年的第二十一届普头庙会，会期已长达26天。这一民间庙会以庙会搭台、文化唱戏，村民积极参与，与时俱进，推陈出新。活动的规模之大、活动时间之长、参加人数之多都高于往年。

相传，湘漓镇普头庙会是为了祭祀当地一位名叫黑仁义的名医，这位名医出生在这个有着700年历史的村子，从小随父学医，不仅有很高的医术，还有一颗医者仁心。他一生行医总是替病人着想、为民驱除病魔，他去世后，托梦给一位渔夫，告诉渔夫，以他特有的猪嘴、人身、龙眼、马脚、狗耳形象塑一个神像，这尊神像就如同他在世一样，能为大家解除病痛。渔夫把这个梦和大家一说，大家都感到非常好，于是大家感念他生前的医德，为他塑像，并将之尊称为"黑帝天公"，以每年的九月初一为纪念日开展庙会活动。庙会期间，每天深夜或凌晨就有人前往庙里祭祀，表达善良的愿望。香火袅袅，寄托了人们对名医的缅怀。

和桂北各县举行会期活动，聘请彩调班社或桂剧班社来搭台演出一样，普头庙会的会期里，最热闹的活动也是唱调子。

兴安人爱唱调子，爱看桂剧。庙会便年年有调子看，有桂剧看，久而久之，便形成了文化庙会的格局。在2010年普头庙会举办的日子里，普头这个位于湘江源头、海洋河下游的美丽村子，呈现一片喜气洋洋的景象，村道两旁的树上，红灯笼在秋风中摇曳。村内的水柳树林里，到处是摆满了食品、时装、家用电器等琳琅满目商品的摊位，人们在摊位前流连，选择自己喜爱的商品。

建在树林怀抱中的戏台格外引人注目，看戏的地方是流经村里的海洋河边的一个沙洲，沙洲上高大的水柳树送来片片荫凉，成群的鸭鹅在河里嬉戏，形成了一幅美丽、和谐、淳朴的乡情画。当暮霭笼罩炊烟四起时，这个有着700多年历史的古村，家家户户呼朋唤友的推杯换盏声更是令人发思古之幽情，触摸到古灵渠的人文精神。

戏台前的平地上摆满了看戏的长凳，这是庙会的组织者专门为戏迷准备的，还没到演出时间，凳子上就坐满了观众。就着热闹的开台锣鼓声，牵着孩子、扶着老人的男女老少，一群群结伴而行，充满期待地静等着幕布的拉开。后台里演员们化妆的化妆，背台词的背台词，摆设唱戏所需的道具，一时间，整个庙会的人好像都在期待。随着幕布的拉开，台上台下便融入了特定的情境之中。天空虽然下着带着寒意的秋雨，却没有人离开，大伙撑着伞看着，遇上会唱的段子还一起唱。

一出《三请樊梨花》，博得了台下阵阵叫好声。一场充满生活气息的彩调《王三打鸟》《双看亲》《三子学艺》，把看戏的人们看得如痴如醉。当演员唱得非常投入，把苦戏唱得非常动情时，台下的观众也情不自禁走到台边"丢包",只见她们一边将红包放到舞台上,还一边用袖口擦着眼睛。演出结束后,人们也舍不得离去。

2010年,普头庙会的演出从10月3日开始到10月28日结束,桂林市七星艺术彩调团和湘漓镇、兴安镇、华江瑶族乡、严关镇等6个村委的文艺队参加演出,每天演出2场,共持续26天,演出52场,节目数百个,创造了庙会有史以来活动持续时间最久、文艺演出最多、规模最大的纪录。

桂林市区、全州县、灵川县和兴安县的12支业余文艺队参加了演出活动,约9万人次到村里看戏或逛庙会,戏迷们过足了戏瘾。人们用看调子送红包的礼仪表达了对演员的敬重,也把自己融入戏里,真正享受了看戏的快乐。

会看戏的村民,是极会享受的人。现在水灵灵的葡萄已经卖完,稻田也是丰收的景象,又是一年中最舒心的季节,村民们甩掉一年劳作的辛苦,坐在一个依山傍水的地方欣赏戏剧好不惬意。

当地文化部门的领导观看了来自各县的12支文艺队的演出后深有感触地说,对庙会文化的引导要因势利导才能发挥好庙会传承优秀文化的作用。村里德高望重的文老先生说:"今年是新中国成立61周年,庙会演出也融入喜庆气氛。我们村为了把这次庙会办好,早在3月份的时候就开始集资在柳树林内修建一个篮球场,作为观众看台。9月份才开始修建戏台,为了赶在庙会前修好,村民们投工投劳,湘漓政府资助了10吨水泥,仅半个月的时间就把戏台搭建完工。我记得2007年唱了21天,今年是唱得最久的一年,唱了26天,大家算是过足了戏瘾。"

逢年过节，若是你走进桂北的乡村，听到打开台的锣鼓声，你千万别离开，因为那是幸福和快乐在向你招手呢！

节日山歌满桂林－衡建军　摄

留公潭村十月香节

正文 _ 李肇隆　苏韶芬　　竖排山歌 _ 宁梓戈

　　桂林的不少县志都提及旧时有十月香节。至今仍在举行这个民俗活动的乡村有阳朔县留公潭村。

　　留公潭村坐落在漓江西岸畔，距阳朔县城12公里，距普益集镇8公里。留公村，又称"留公三潭"，约建于公元1644年，相传自明朝万历年间，这里就兴起了十月香的节庆活动。

　　节日的起因，相传与一个古老的"留公不留婆"的传说相关。相传留公村有个财主，对长工、丫鬟甚为刻薄。仙人知道后，愤愤不平，为了惩罚这个作恶多端的人，他变成一位老人下凡走进村里，对长工和丫鬟说："明天早晨，财主堂屋的香火案台下将长出两根竹笋，你们将那竹笋掰断后，就马上跑出村外去。"

　　第二天早晨，长工和丫鬟见香案下果然真的长出了两根竹笋。两人遵照老者的嘱咐，将两根竹笋掰断，就跨出大门，跑到村子外面。殊不知，他们掰断的那两根竹笋是那地下蛟龙的两只角，蛟龙的角被掰断，疼痛难忍，身子一滚动，财主的房屋就塌陷了下去，正屋、厨房、马房分别沉入水底，顿时变成了清水、微浑、浑浊的"三色深潭"。

　　财主出嫁的女儿回来探望父母，也和父母一家沉入了潭底，命丧黄泉。她的丈夫一听，立即骑马赶来想搭救妻子和岳父母，刚要进村，突然听到村口的大树上，有一只小鸟高声叫道："留公不留婆，打马回去得安乐。"

　　骑马的丈夫听到鸟叫个不停，正在猜疑不定时，一位老者走来对他说："你岳父母为富不仁，作恶太甚，被天帝惩罚，你老婆也被陷落深潭，再也无返回之机，你还是快回去，过你自己的日子去罢！"说罢，转眼老人不见了。

财主的女婿这才明白，那鸟是自己妻子变的，岳父母一家不幸那是天意，于是他转过马头，刚走出村外不远，自己刚站立的地方也沉入潭底。后来，这个财主一家塌陷的地方就有了清水、微浑、浑浊三个颜色的深潭，于是新建的村子就取名留公潭村。

财主的房屋塌陷，变成深潭，呈品字形，三潭水呈三种色彩，各潭相距不超过20米，看上去三个潭互不相连，其实水底是贯通的，因而水位要涨同涨，要落同落，奇怪的是三个深潭的水颜色各异。一个潭水呈浑浊的黄色，相传原是财主的马房；一个潭水是碧绿色的，相传是财主的正屋；一个潭水是微浑的绿色，传说是财主的厨房。天旱日久，潭中会发出锣鼓声及笛声。三个深潭的水色仿佛彩旗飘扬般在涌动，持续20分钟之久。

留公潭村的村民不解这种怪象，认为不是神灵施法就是邪魔作怪，大家商议为镇邪驱魔，敬神祈福，于是在村口就建了一座古庙，供奉周文王、周武王，以祭祀"双岐宫"来庇佑村民人丁康泰，六畜平安，岁稔年丰。

这古庙立起之后，果然村民连年平安无事，岁岁五谷丰登，家家人财两旺。为酬谢"双岐宫"的显应赐福，于是，村民们从明朝万历年间起，在每年农历十月稻菽丰收、瓜果飘香的时节，就举行隆重的"十月香节"。

旧时的祭"双岐宫"十月香节，村里的主事人要组织全村各家各户凑集财物，购买香烛供果、三牲酒礼，并请道公到庙堂作法、念咒、调神一至三日，祭祀周文王和周武王。村民们在这天也会杀鸡宰鸭，制作美食糕点，欢度这十月香节。节日里村民们还举行还愿祭祀活动，他们跳傩舞、还大愿，四邻八乡的人们都来观看，现在这个节日已成为当地旅游业的一道民俗风景线，古朴的活动引来了中外游客前来助兴。

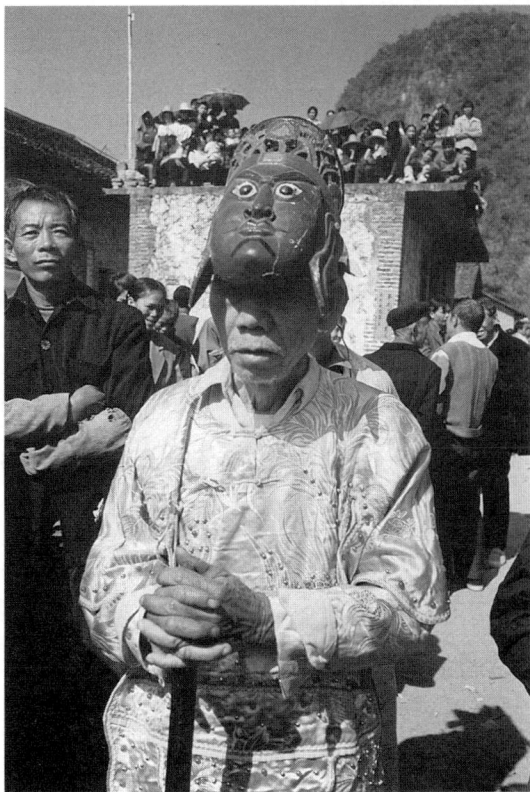

参加十月香节的老艺人－苏韶芬 摄

开山节

正文_李肇隆　　竖排山歌_宁梓戈

桂林全州白宝、东山等地的村寨封山到立冬后就会开禁。封禁的茅山（即灌木、草山），一般在农历十月后开禁。树木山、水源山、后龙山则在年末开禁。开禁即取消禁令，可以进行采伐，俗称开山节。

开山节，是村寨头人根据季节农时择日决定的。旧时，每年到了立冬后，田地里的庄稼收获殆尽，农活主要是为次年耕种备料积肥。以前种植水稻最重要的肥料就是石灰，没有它，插下的禾苗就会发黄，易患虫害。要想种田得到好的收成，冬天烧好石灰便是农民的头等大事。把青石烧变灰，用时要三天三夜，石灰窑的烧火口，每次进柴要用水桶大的一捆，且要连续不断加柴，才能烧出一窑石灰。村寨的头人为解决村民烧石灰、砍割柴草之苦，就用春天禁山、冬天开山的办法，提供柴源。

每年的立冬节后，村寨的主事头人，就选择一个吉利的日子（避开破日），召集各户一人，在祠堂前宣布踩山开禁，随即带领大家上山察看封禁的灌木丛山，草木生长的高矮、疏密状况，而后合理搭配，按村寨住户的多少，划分出灌木丛山与村寨住户相等的块数。接着主事头人把每块划出的山头编上序号，用石灰浆写好，再做好抓阄，放在小布袋里，叫各户踩山的人在布袋中抓阄一个。各人将阄打开后，根据阄上的号码，上山核对好自己分得的灌木丛山地块。此时，地块的户主就可以在这块山头上插上写有自己名字的标签牌。自这日起，山林解封，户主随时都可以上山砍伐柴火了。

树木山、水源山和后龙山多是成林大树，都可用来制作家庭用具，生产工具材料。山区住户的火炉、灶房燃料，多取自大树森林。尤其每年大年初一，传统的五更拿柴（财）更是需要松树大柴，以显示吉

为保农事有保障
禁山开山依规章
头人轮换主祭祀
敬祈山神降吉祥

利。同时，腊八以后临近年关，家家户户酿制年酒、制作糕点，舂打糍粑，杀猪烫羊，烘烤腊味等，都要大柴。村寨主事头人根据传统惯例，会在腊八后，选择吉日开禁水源山和后龙山一次。

到了水源山、后龙山开山这日，村寨主事头人一早就敲响铜锣，高声晓示大家："今日开山伐木，各家派人（一般每户派一男一女）莫误。"吃罢早饭，男子会扛着磨利的斧子，女子拿着镰刀和捆树枝的篾片藤条，自觉地来到祠堂前或岩坪上，听主事头人嘱咐后，各奔头人指定的山林砍伐木材。男的将砍倒的树木劈下枝丫，又把树干砍断成长短适度的数节，扛到村中宽敞的岩坪上。女的也将树枝捆成捆，扛到岩坪。下午大家在主事头人的带领下，将木材的大小、树枝的多寡，按照村寨住户数分成相应的堆数，用瓦片写上数字，并放在每堆柴上。同时，再用瓦片写上与柴堆相同的数字，由不参加抓阄的头人，单独把瓦片翻转搕好，而后叫每户来一人抓阄。各户抓阄找到自己分得的柴堆搬回家。之后，每户要一人来到公共祠堂，听当年理事头人向大家讲明，一年来封山长禁、村规民约执行管理或违禁调解的惩罚状况，推选出下一年村寨的主事头人，并将铜锣、大鼓交给下届头人管理使用。如有罚款，充入当晚祭祠堂宗族聚餐之用。

晚上祭祖聚餐，村寨有祠堂祭祀公田的，费用由公田的收益开支，没有祭田的村寨，事先就由头人到各户凑好或各户自带酒菜。晚上，在祠堂供台摆上三牲酒礼，糕点供果，点上香烛，众人在香案前顶礼膜拜，祭奠门宗先祖，历代宗亲。年终祠堂祭祖，村寨当年生养男孩的家庭，必须拿大公鸡一只、供酒一壶，到祠堂供奉祖宗，鸡、酒供众人聚餐享用，叫添丁喜酒。头人会将鸡的两只大把腿（鸡腿）用红纸包好，叫添丁的户主带回，给小孩受用，说小孩吃了会祛邪防灾，快长快大，睿智聪明。

　　有的村寨，家里生女，也要拿母鸡和酒礼祭奠祖宗。大家吃完这年终开山祭祖的晚餐，新的主事头人宣布接任，开山节的活动才算结束。

漓江渔火节

正文_苏韶芬　　竖排山歌_宁梓戈

阳朔，中国极美的旅游目的地之一，中外游客在这里感受到的不仅仅是青山秀水的视觉享受，还有这里的文化冲击力所给予的难忘记忆。每当夜幕降临，漓江边的渔民们乘上竹筏，点上火把，带上几只鸬鹚，成群结队地在江上捕鱼。

江面上，渔火穿梭如流萤飞舞，夜幕中，渔歌阵阵似天籁萦回，构成一幅迷人的画图——"阳朔八景"之一的"白沙渔火"。这一阳朔特有的劳作场景现已成为大自然赋予阳朔的名片。守望着这片山水的精神家园，愈发显示出这片土地人与自然的和谐，于是这里的民族民间节日五彩纷呈，这里的民间艺术多姿多彩，这里的文化节庆丰富喜庆。特别令人激动而乐于投入其中的节庆活动，要数阳朔漓江渔火节和万盏花灯、万碗汤圆、万条灯谜、万束焰火的"四万庆元宵"活动了。

阳朔漓江渔火节起始于1999年。这一节庆活动，以漓江"渔火""焰火""篝火"三把火为主线，加上文艺联欢、广场民间文艺表演以及美术、书法、摄影展览，球赛、棋赛、自行车赛等文体赛事活动，使整个县城呈现出欢腾景象。而后漓江渔火节在每年金秋时节举行，为期三天，每到那时，漓江渔火的绝妙佳景总能令人流连忘返。十余年来，漓江渔火节与时俱进，每年都有亮点。活动项目传统与时尚相结合，本土艺术与外来文化相结合，文化项目与产品促销相结合，越来越多的参与者领略到了阳朔的文化魅力。

"渔火传情、共舞奥运""仙境阳朔、魅力西街""美的阳朔"、西街啤酒狂欢夜等活动成为阳朔展现文化旅游形象的热点，越来越多的人为阳朔的美而来，为阳朔的奔放而来。

清清漓水泛渔火
五彩西街老外多
香格里拉何处有
人间梦境在阳朔

作为改革开放以来第一批对外开放的旅游城市，阳朔以独特秀美的风光吸引众多游人，赢得了"中国旅游强县"的美誉，在旅游业已经成为阳朔经济支柱产业的今天，阳朔更加注重把当地的民俗介绍给来自不同国度的人们。

21世纪以来，阳朔在中华传统佳节期间都举行热烈吉祥的节庆活动。尤其是近年来，每逢元宵节，阳朔城都是人头攒动，从清晨到华灯初上，阳朔西街龙狮腾跃，春幡飘飘，节日的气息使这座古老而美丽的小城化作欢乐的海洋。刚入夜，大街小巷彩灯万盏竞相绽放，火树银花不夜天的景象把美丽的小城装点得婀娜多姿，更喜人的是众人将万碗汤圆热腾腾地端在手上，同享团圆吉祥的感觉比汤圆还要甜蜜，猜谜语的老人、小孩、男人、女人眼里含着笑意，并交换着快乐，住在阳朔的外国人和来旅游的外国人都把这个元宵夜看作了狂欢节，从汤圆里感受到中国人特有的绵密细腻的心思，触摸到阳朔山水深处的温暖。

冬至大过年

正文 _ 李肇隆　苏韶芬　　竖排山歌 _ 宁梓戈

冬至是我国二十四节气之一。冬至这天，北半球昼最短，夜最长；南半球昼最长，夜最短。从冬至这天开始，要过九九八十一天才寒尽逢春，所以民间流传九九歌，述说了由冬到次年惊蛰的气候状况。

古时流传较广的九九歌：

冬至是头九，两手藏袖口；二九一十八，口中似吃辣；

三九二十七，见火亲如蜜；四九三十六，关门抱火炉；

五九四十五，开门寻暖处；六九五十四，杨柳树上发青丝；

七九六十三，行人路上脱衣衫；八九七十二，桃花伴宿舍；

九九八十一，穿起蓑衣戴斗笠。

流传在桂北一带的九九歌，就更贴近人们的生活了。其歌是：一九二九，不出手；三九四九，冰上走；五九六九，河边看柳；七九冰河开；八九燕子来；九九加一九，耕牛遍地走。

这些九九歌，对于人们推算冬天气温有较大的实用性。所以乡村里的大人都能口口相传。至于冬至日的一些古老礼俗，很多都随着时代变迁而逐渐消失。如《临桂县志》中说，初一日祭祖先，制纸衣往墓前焚化，谓之"送寒衣"的做法，到20世纪40年代，已经很少流行了。

《灵川县志》中说的"'十五日'为'下元节'各户炊糯捣制为元，圆白如月。女新嫁者节送之礼物，谓之'送十月'"也早已失传。其志中说的"冬月打醮"更是少有人知道。只有《平乐县志》中说的："'冬至节'，在阴历十一月中，即阳历十二月二十二日或二十三日，俗有'冬至大过年'之谚。具酒食，丰肴馔，制糕饼，叙家庭之乐，

冬至流行九九歌
地方气象讲明确
百事安排供参考
方显俗谚有科学

尽兴饮啖，不请外宾。是日虽已嫁之女亦禁归宁，相沿成俗焉。"这一风俗，至今还在桂北一些城镇流行。

　　冬至到了，气温渐渐降低，昼短夜长，北风呼呼生寒气，桂林城里城外的人们都喜欢做各种腊味，此时的桂北便进入了腊味飘香的季节。

古风犹存俗相谙

正文_苏韶芬　　竖排山歌_宁梓戈

　　唐长庆二年（822），朝议大夫严谟出任桂州刺史，韩愈、张籍、白居易等以同题诗为之送行。韩愈的《送桂州严大夫同用南字》一诗写道："苍苍森八桂，兹地在湘南。江作青罗带，山如碧玉篸。户多输翠羽，家自种黄甘。远胜登仙去，飞鸾不假骖。"此诗因写出了桂林的山光水色、人文气象的优美宜人而传世。而张籍的《送严大夫之桂州》："旌旆过湘潭，幽奇得遍探。莎城百越北，行路九疑南。有地多生桂，无时不养蚕。听歌疑似曲，风俗自相谙"虽未能广泛流传，但诗中的最后两句则给我们打开了了解桂林汉人历史的一扇窗口。

　　桂林汉族先民是中国古代的华夏族。秦始皇为了统一岭南，在桂北兴安修筑灵渠，统一岭南后在百越民族地区设置桂林、南海、象郡，从中原地区征发大批劳力"谪戍五岭"，与"百越杂处"，此后桂林成为历代南迁华夏人的聚居地。张籍对即将远离长安的朋友关切地说，桂林您也不会觉得陌生的，虽然那里的民歌难以辨别出是什么曲式、曲调，但是风俗还是与中原差不多的，俗话说，"千里不同风，十里不同俗"，能去一个自己风俗非常熟悉的地方，心情自然会多一些宽慰。正如张籍所言，桂林的汉族风俗仍保留许多中原的风俗。

　　在桂林汉族的节日习俗中，每个习俗都有许多崇尚礼仪的民俗事象，如春节中的"走众亲"，端午节的"走龙亲"。村与村之间联合举办纪念祖先的庙会、姊妹节、"吃会"、还大愿等活动，除了祭祀祖先，更重要的是联结友谊，于是这些娱人娱神的活动都十分讲究礼节，家家户户热情待客，村子里摆上长龙宴或流水席，活动热闹非凡，既镌刻下共同的迁徙记忆，表达了历代繁衍的共同祈愿，又一起分享了其中的苦辣酸甜。正是有了节日民俗带给人们守望精神家园的这一份份执着，才使我们在桂林的春节里，仍然可以看见村子里的古戏台会唱上三天三夜的大戏，如桂剧《拾玉镯》中的妙龄姑娘孙玉姣，穿针引线的动作灵巧而细腻，引得许多新媳妇学着她那样去描画刺绣；彩调《王三打鸟》的毛姑妹与王三的纯真爱情陶冶了一代代桂林人，许多青年男女唱着四门摘花而走进婚姻的殿堂。

庙会里大开三天的锣鼓迎接周边十里八乡的人们，他们济济一堂，共享欢乐，除了看大戏，还可以在元宵节舞龙灯的鞭炮声中感受火树银花不夜天的景象。每逢戊年大划龙舟时，人们一同在漓江的龙舟歌里唱出兄弟情谊，唱出对风调雨顺的期盼和团结奋进的豪迈激情。

走进桂林，您会领略到汉族山歌里有竹枝词的韵味，您可以在细腻、委婉、优美的文场曲中寻觅宋词元曲的声腔气韵，也可以在桂林渔鼓唱本中回味古代中原流传的传奇故事；坐在漓江的游船上，那唱着高亢的"看我龙船呼呼去"的水上歌者会讲述这条河的历史沧桑；站在漓江边的风景点，看着伏波将军留下的试剑石，仿佛看到了伏波将军拉弓搭箭、一箭穿三山的英雄气概。

带着他们的足迹在这里做一次停留，您能亲身感受到中原人民翻越五岭而来、与百越和睦相融相处的心路历程，也能将情感融入到这片开放包容、风俗古朴、美丽动人的土地上。

◇ 壮 族 ◇

龙脊壮族开耕节

正文 _ 李肇隆　　竖排山歌 _ 宁梓戈

农历四月十八日，是龙胜古老的壮族村寨民众欢聚在龙脊梯田里，举行传统农事耕作的开耕节。要知这开耕节的由来，必须先从壮家古老的迁徙歌寻答案。

龙脊壮族古老的迁徙歌中这样唱道：

我们的祖先原住南丹，他们开垦的田地大爿大片。

只因分割晒谷子的石板才得到一角，我们的祖先怒火冲天。

扛起铁锤把石板敲打，偌大块石板碎成三片。

凶恶的头人叫独眼龙，挥刀舞矛要杀我们的祖先。

我们的祖先只好逃跑，抛弃南丹那美好的家园。

七道关卡都平安过来了，好容易才走到这大河边。

虎遇悬崖无路走，滔滔河水把路拦。

多带钱的买竹缆，少带钱的买麻辫。

攀竹缆的过了河，攀麻辫的断了辫。

三人随水走，五人爬上岸。

从此各东西，弟兄全分散。

老大沿河下，城镇把家安。

老二溯河上，住在小河边。

老三傍山去，坡上开梯田。

老四老五年纪轻，种田耕耘不熟练。

扯了秧苗倒着插，好要人教把耕田技术练。

175

只好约定开耕日，不懂跟着熟人练……[1]

　　从这迁徙歌可见，龙脊梯田的传统开耕节是一个传播耕作技艺的日子，也是一个教人如何耕耘、如何种植水稻才能获取丰收，使壮家过上美好生活的节庆活动。

　　每年到了农历四月十八日，龙脊壮家村寨的家家户户一早就把事先修整好的拖犁或抬犁、锄头或耙子，又仔细地检查一遍，避免使用时出毛病。梯田较宽，倒犁可使牛回头打转的，就用牛拉犁，方便使用拖犁。如果梯田较窄，倒犁牛不能在田中打转，那就使用抬犁。开耕节用的锄头是刨挖田埂的，耙子是用来平整田埂的。

　　一切检查准备好后，家家户户吃完早饭，寨子司锣的寨老敲响铜锣，一声高喊："开耕啰！"男的立即扛着犁耙或牵着耕牛，女的扛起锄头耙子，纷纷走出寨，成群结队走在梯田山坡的小路上，到了梯田便分散走进各自开耕的梯田，或套牛扶犁耕作，或装犁套杠抬耕，或挥锄挖削田埂，或用耙子平整田埂，各司其职，满岭梯田，处处呈现出一遍繁忙的开耕景象。

　　梯田里耕作的方式各有特点，最引人入胜、惹人注目的要算不用耕牛的抬耕了。一人扶着犁把，犁拱尽头套一根抬犁绳子，另一头系在一根长木棍上。另一人在犁的前面，将犁拱套上木棍扛在肩上，一手反拉住套在犁拱尖端的套绳。木棍的另一头搭在扶犁人的肩上，使木棍形成扶犁和拉犁人抬耕的形式，扶犁的人右手扶住犁把，左手扶

---

[1]1984年冬，龙脊江头村，61岁的壮族人廖英炳传唱。

住犁拱，掌握犁头入土的深度。前面扛着木棍的人，一手扶着肩上的木棍，一手反拉住套绳往前走，扶犁男子则相应用力推进，前后便形成合力，将田泥翻起。这是龙脊梯田特有的犁田方式，也是龙脊梯田独有的犁田民族风情。

在这开耕节日里，嫂子、姑娘们扛着锄头耙子，相聚一起，排成队形，除展示古老的开耕舞蹈、劳作场面外，还要唱具有民族特色的开耕弯歌。开耕弯歌的内容多为欢唱春耕生产、精耕细作、及时耕

龙脊开耕节－廖荣生　摄

种、不误农时、夺取丰收等；种类有流年弯歌、伧喃弯歌、对答弯歌等；多为五字句，上下句对应，有的一首弯歌，长达数十句。

对答弯歌每首只有四句，有表示歉意的，有客套奉承的，有颂扬赞美的，也有讽刺挖苦的，好多句子语意双关，诙谐有趣。

从前的开耕节常唱得难解难分，而今的开耕节，唱弯歌的赛歌场面更加迷人了。

东山瑶山歌节

正文_李肇隆　　竖排山歌_宁梓戈

全州东山瑶族同胞是能歌爱唱的民族，自古盛行以歌交友，以歌言情，以歌说爱，以歌订婚。在自己聚居的东山瑶乡境内，设立了插排岭、割草岭、潭顶坳三个歌场，并规定了农历正月初五到十五为赶山歌节的日子。二月初二是潭顶坳的山歌节，八月十五是割草岭的山歌节。

瑶族以歌连情、以歌择偶、以歌订婚的婚俗世代相沿，源远流长。

宋代周去非的《岭外代答》卷十《蛮俗门》记载："徭（瑶）人每岁十月旦，举峒祭都贝大王，于其庙前会男女之无夫（一本作"室"）家者，男女各群，连袂而舞，谓之'踏摇'。男女意相得，则男咿嘤奋跃，入女群中负所爱而归，于是夫妇定矣。各自配合，不由父母，其无配者，姑俟来年。"广东的《开远县志》记述："男女踏歌，意相得，则男咿鸣跳跃，负所爱去，遂为夫妇。"《八排风土记》中说："少年男女唱歌山坳，其歌，男炫以富，女夸以巧，相悦订婚。"

这些记载与东山瑶乡的对歌择偶方式几乎是一脉相承。这种踏摇择偶的形式，就是东山瑶以对歌交换头巾自由订婚的真实写照。

东山瑶乡每到山歌节时，男女青年穿上精心制作的盛装，佩戴银饰和九链戒指，满怀喜悦，从四面八方赶到歌场。有的还由中老年歌师带队，来到歌场或围坐在树荫下，或擎着大伞成团席地而坐。

对歌场上人山人海，笑语喧哗。男女青年来到歌场，不是一开口就以歌连情，而是亮着清脆的嗓子借歌起兴，展示出比智、比勇、比才、比见识的能耐。

起歌的人若以树起兴定韵，答歌的人必须同样以树起兴定答歌。

如开歌的人以"杉树尾子朵朵青"起头，答歌者必以"杉树尾子朵朵雄"或"杉树尾子细绒绒"作答。如此一唱一和，一问一答，相互对唱360首，就可转入连情歌唱。一般歌智欠差者，彼此也须对答72首；智弱者也要对答36首。如起兴达不到作歌对答的起码36首的条件，肯定难以找到对歌连情的歌伴。

歌场上的山歌都是即兴而作，见几打几，但有严格的歌规，首歌以物起兴，但不是海阔天空、无边无际拼凑成歌敷衍了事，而是按相承的程式和内容进行。如开首歌的男子唱：

> 杉树笼头朵朵青，蝴蝶迷花鸟迷林；
>
> 蝴蝶迷花飞千里，弟想学歌把师寻。

女方听了男的开歌引唱，接上以杉树起兴即答：

> 杉树笼头细绒绒，山高流水响叮咚；
>
> 小溪困鱼得涨水，出山入海进龙宫。

在相互试探对答后，男的从不着边际泛唱，转向从衣着打扮入手的形象描唱：

> 杉树笼头细绒绒，姐妹打扮好威风；
>
> 耳环银镯叮当响，花裙彩带映山红。

女方也会转向随行的人回敬唱道：

> 杉树笼头朵朵青，歌场奶仔好精神；
>
> 麻糯草鞋配锦带，蓝巾缠头带扎身。

这种起兴对歌，内容由歌场环境、绿野风光到探试对方内心世界与智商高低，进而询问家庭、生产、种植和生活情况，以至转入追问瑶家的历史文化和民俗由来，歌来歌往，一问一答，男歌女应，既使歌场洋溢着浓厚的诗情，又传播着瑶家丰富的历史文化。如男女对唱道：

> 男：杉树笼头朵朵青，古时洪水登天门，
>
> 　　天地重合人迹尽，哪来开天辟地人？
>
> 女：杉树笼头细绒绒，盘古兄妹坐瓜中，
>
> 　　水涨葫芦不沉底，天地重开有祖宗。
>
> 男：杉树尾子朵朵青，盘古挥斧劈乾坤，
>
> 　　凿得天高没有顶，劈得大地水样平。
>
> 女：杉树笼头细绒绒，圣母一看发懵懂，
>
> 　　地劈宽了天凿小，拿天罩地难合拢。
>
> 男：杉树笼头朵朵青，盘古见了没作声，
>
> 　　双手抓地缩小点，天罩大地不差分。
>
> 女：杉树笼头细绒绒，盘古缩地地不同，
>
> 　　自家子孙住山岭，别人平地把生营。

能如此对答如流，歌意方进入言情说爱的内容。先从探情、连情，再进入恋情、思情的唱和。

歌来歌往，两人情投意合、难舍难分时，可悄然到幽静处相会。但二人幽会时，并非出口言爱，还须以哑谜相约。定下来日两人相会的时间、地点。如对方不能破解出哑谜言指的相会地点、日期，则视为愚钝，不可允结终身，自此再不相会。

相约的哑谜独特、形象、生动而有趣。如女方约定初一相会，便唱道：

花针穿线线穿针，哥有意来妹有心。

扁担无抓请来此，同坐石头换手巾。

其中"扁担无抓"的谜底是初一。双方再会如果互相交换了手巾，便为两厢情愿，定下终身伴侣，女方的父母就会叫舅爷到男方的家里说亲，议定婚期。

相约哑谜有："人扛方桶打早禾"，指初四；"背犁犁块四方田"，指初五；"公鸡打架各分边"，指初八；"西瓜开花"，指初六；"先生座椅"，指初七；"太公下钓"，指初九——从初一到二十日都有哑谜。

历史上，东山瑶乡对歌连情、择偶成亲有固定的歌场和定时的山歌节，历史传承，社会公认，人人循规遵俗，社会道德风尚良善，所以在瑶乡以及瑶乡周围的老年人，无论读书人或目不识丁的瑶民，没有哪个不学山歌，不唱山歌，没赶过歌场，不怀念那"口唱山歌心花开，唱得仙女下凡来"的歌节盛况。

唱起山歌人欢乐－全秋明　摄

二月初一吃安心粑

正文 _ 李肇隆　　竖排山歌 _ 宁梓戈

历史上，汉族岁时风俗记有"元旦天未破晓，爆竹之声，即盛街巷，俗名开正"，亦称"开春"，实指农历大年初一早晨的迎春祭供。而桂林市恭城瑶族自治县栗木镇、观音乡瑶民的开春节习俗，却是在每年的农历二月初一日。

相传，恭城栗木和观音瑶乡的瑶族同胞自古流传着"吃正月，耍二月，到了三月才下田"的说法。后来，村寨里的一些瑶老，看到瑶山外面的人一年收成总比自己多，生活过得有滋有味，还听到他们常讲的一句话："吃了元宵饭，个个寻事干；喝了元宵酒，锄头铲子不离手。"

瑶老认真一想，意识到瑶家生活比他们差的原因，就是过年耍心太重，闲玩的日子过长，于是就叫寨子的同胞"过了惊蛰弄犁耙，春分过后耍泥巴（即过惊蛰整地，春分后犁田）"。

但是好多人还是游手好闲，没有心思做事。寨老们就决定在农历二月初一日，瑶族同胞各个村寨都过一个开春节，吃了这个开春饭，个个寻事干，吃了安心粑，一心一意耍犁耙。

栗木镇、观音乡的瑶族同胞在寨老们定下这开春节后，每年到了农历二月初一日，家家户户在头一天浸泡好糯米，开春节一早，妇女们赶早起床，洗漱好后，就将浸泡好的糯米用筛箕装好在清水中淘洗，再用磨子磨成粉，制成粑粑。

为了将这开春安心粑做得味道好，吃了记在心里，永不忘怀，各家都会特制一种粑粑馅芯。所以，栗木镇、观音乡的瑶胞自兴起过这开春节后，各家在过年杀猪和鸡鸭鹅时，就会将猪肝、猪肠、猪肚，鸡鸭鹅的五脏清洗干净，用盐、酒、酱油、姜、蒜米腌制好，并精心保存起来，到了开春节做粑粑时，就把它拿出来用利刀剁碎，再掺入炒香的芝麻、花生，揉成馅心。

将馅心包在糯粑内，用柚子叶将每个糯粑垫好，然后放在蒸锅内蒸熟，节日主要的食品就算准备好了。

安心粑蒸熟出锅后，先要供奉天地、祖宗，祈求五谷丰稔，而后阖家团坐在厅堂共同享用，先敬老人，次给娃仔，接着大家欢欢喜喜地尝这清香可口的开春节安心粑。

此时，老人会告诫大家："吃了安心粑，一心一意扛犁粑，大家莫耍懒，争个好年成啊！"老人一说，大家会高声呼应，屋子里萦绕着阖家开心愉悦的节日气氛。

这天，观音乡的瑶胞各户还派一人，聚集一起结队踩山，认清各户占有的山林地界，做好标志，避免发生不应有的纠纷，且年年如此。

现在的瑶族同胞们，虽然多在元宵节前后就投入春耕生产了，但栗木、观音的瑶族同胞，二月初一过开春节、吃安心粑的习俗仍旧风行。

瑶族禁风节

正文 _ 苏韶芬　　竖排山歌 _ 宁梓戈

临桂庙坪圩，坐落在绵延起伏的大山之中，山里特有的芬芳弥漫大地，一条清亮的小溪，顺着山脚潺潺流去。这里有壮、苗、水、汉等不同民族的几十户人家，却没有瑶族同胞在这儿居住。奇怪的是，每年的农历正月二十日，庙坪圩都会迎来瑶族同胞的禁风节。为什么偏偏会在这里举办瑶族的禁风节呢？这里有一个不寻常的来历。

传说很久以前的一个正月二十日，天上乌云密布，地上飞沙走石，一阵罕见的狂风把庄稼、房屋都刮倒了，寨子也遭了殃。瑶族兄弟正不知如何是好，这时，从山上走来了一位白发老翁。他告诉瑶族同胞，这是风神作怪，他是被声音激怒的，你们赶快敬奉风神，祈求他保佑吧，以后每到这个时辰都要注意禁风、禁声。瑶族同胞照老人的话去做，风神果然息怒了，寨子免去了更大的灾难，后来每逢农历正月二十，人们都禁风、禁声，敬奉风神。然而要真正做到这一点，就要在这一天离开寨子，到其他兄弟民族的寨里去过节。因为在寨子里，抬手动足，做家务活和农活，都难免不出声音，再说人也不能装一天哑巴不说话呀。于是，他们在正月十九就做好准备，把稻草打个十字结，压在田头、屋角，以示压住声音。把洗干净的衣服铺在地上，而不是晾在竹竿上，以免招风发出声音，惹得风神发怒。正月二十日清早，他们就悄悄离开寨子，到附近没有本民族同胞居住的庙坪圩过节。在这里哪怕敲锣打鼓，也不会有风神降罪了。

当瑶族同胞远离了自己的寨子，走近庙坪圩时，便敲起锣鼓，舞起狮子。路虽不宽，他们一路行、一路舞，待走到集市时，舞狮人愈舞愈起劲。司鼓手将鼓点擂出多种花样，舞出千姿百态。

舞狮队来到了集市，为节日搭起的彩调舞台也开演了，不用帷幕，

传说风神气势凶
为避风神人走空
如今沿袭禁风节
禁风原来是敬风

演员和观众的情感交流更为直接，演员演得情真意切，场下观众看得如痴如醉。

这个时候，节日的集市高潮迭起，不同民族的人们都在欢度这个不寻常的节日。

夜幕降临，庙坪圩渐渐安静了，然而大山却没有沉睡，山歌在山野里回响，狮子鼓敲出的音节仍在山谷里回荡。

恭城瑶族开春节

正文_李肇隆　　竖排山歌_宁梓戈

　　开春在民俗辞典中指的是：旧时汉族岁时风俗。也就是一年开始行事的日子，俗名"开正"。在桂林，开春节在恭城瑶族自治县栗木镇、观音乡的瑶族同胞中得到了传承，每年农历二月初一日，他们都有过开春节的习俗。

　　历史上，栗木镇和观音乡的瑶族同胞，多住在偏僻的深山野岭之中，过着刀耕火种的艰苦日子，生活如山歌唱的："好不苦来好不难，常摘野菜煮清汤；肚里无油人变样，哪来力气去挖山。"

　　早时瑶民有"吃正月，耍二月，到了三月才下田"的习惯，后来有位瑶老到山外去卖打着的麂子，在圩场听到有人聊天，他们说："种田要想好收成，一要打算二要勤，一年之计在于春，一日之计在早晨，早起三日顶天工，晏起三日米缸空……"他回到寨里把听到的话对大家一讲，后来一传十，十传百，都觉得这话有道理。寨里的几个头人一商量，认为瑶家要想生活好，一年耕种要赶早，于是决定必须用一种办法去改变那种"吃正月，耍二月，到了三月才下田"的陋习。大家一致定下每年的农历二月初一，为瑶家的开春节。

　　从此，恭城瑶族自治县栗木镇和观音乡的瑶家村寨，每年到了农历二月初一日，各瑶寨的头人，一早就敲响铜锣，召集每户派一人到寨子的岩坪集合结队，由头人带领到岭头去踩山认界，认清自己的山林界碑，做好封山育林工作，避免发生不必要的山林土地纠纷，同时激发瑶民各自投入精力，增强认真管理护育山林土地的自觉性和责任感。这种踩山活动，大的村寨来回要花费整整一天时间，到夜幕降临才能回到寨子里。头人宣布踩山结束，并祝福大家，回家过好这开春节，吃好开春节饭，全力投入春耕春种，争取好的收成。

栗木镇和观音乡这开春节宴食也具特色。这一天男人去踩山认界，女人在家中将头一天晚上浸泡的糯米用清水淘洗好，用石磨将米磨成米浆，再用布袋装好滤干水，就成为生的糯米粑团。接着做粑粑馅心。开春节的粑粑馅心，也与平时做的大不相同，必须用春节腌制的猪、鸡、鸭的五脏和其他香料捣碎、拌匀合成为馅心。做时，先要将糯米粑舂成既软又有韧性的糯团，而后取一小坨糯粑，把它捏成杯子般凹状，再用瓢羹舀一瓢馅心倒入凹中，接着将凹口捋拢，两手再将包有馅心的粑粑揉成圆如鸭蛋大的糯粑。这种粑叫"安心粑"，俗名"大肚粑"。明明是包有馅心的粑粑，为何取名安心粑呢？原因就在于馅心与安心谐音。

另一文化意义是：让大家吃了这开春节安心粑，告诫大家从这天起，要安心地投入春耕生产了。所以，栗木镇、观音乡的瑶民，旧时过农历二月初一过开春节时，酒肉不论，但那安心粑是要吃饱吃好的。与此同时，凡出嫁、还未生养小孩的女子，在这一天，娘家都要接她回来过节，吃这包有馅心的圆糯粑，寓意吃了大肚粑，早生贵子，添丁增口。

随着时代的发展，生产生活观念的进步，现在栗木镇和观音乡的瑶族同胞也和大家一样，"吃了元宵饭，个个寻事干；喝了元宵酒，锄头刮（铲）子不离手"，在元宵前后就投入春耕生产了，但二月初一吃安心粑过开春节的风气一直延续至今。

189

瑶山爱鸟节

正文_李肇隆　　竖排山歌_宁梓戈

桂北瑶山，二月的忌日颇多，自古以来，瑶族同胞就有一连串的禁忌，大概这是他们深居大山、生产生活久避成习的结果。他们到了二月就有"初一鸟，初二蚕，初三初四忌野羊，初五初六忌牛马，初七初八忌虎狼"之说。在众多的禁忌日里，最为有趣的是忌鸟，也叫作"爱鸟节"。

每年农历二月初一，天刚蒙蒙亮，家家户户就跑到井边，去淘洗头天晚上浸泡的糯米，熙熙攘攘，络绎不绝。事后，隆隆的石磨声从家家户户传出，整个山寨有如闷雷轰鸣，寂静的瑶乡喧闹不已。而人们在这噪耳的轰鸣声中，不但不觉心烦，反而磨声越响，越嘈杂，越认为是好事。相传忌鸟这一天，磨鸟粑时，若石磨不响，鸟儿就不怕，这年的禾穗、粟子就会遭鸟损害。如果石磨响声刺耳，鸟儿就会吓得远走高飞，这年田地间的禾穗、粟子就不会被鸟儿损害。

糯米粑粑磨好后，就要做成鸟粑。这做鸟粑的工艺是很精巧的，各人的手艺不同，做出的形态各异。有的人把鸟的形象做得生动活泼，形神兼备，有的做得非鸟非兽，形貌全非。对于心灵手巧的，人们喝彩不绝；技艺笨拙的，惹人嘲弄戏谑。大家言来语去，别有一番风趣。

鸟粑蒸熟后，各家至少要从山上割回六根青竹，掐去竹叶，留下枝杈，然后在枝杈上插粘鸟粑。有的还用烤熟的糍粑把所有的枝杈缀满。一支先插在大门前，敬天帝鸟王，一支插在上厅神龛之上，供奉祖先，托众神庇佑。而后由家里主持生产的人，拿一支稳稳当当地插在秧田的田基上，并站在田基边虔诚地唱道：

立春雨水到二月
瑶山有个敬鸟节
奉上粑粑把鸟敬
身轻如鸟歌不歇

> 鸟哟，快来领粑粑耶！
>
> 粑粑粘你的嘴，飞去高山喝清水；
>
> 粑粑粘你的舌，飞到月亮树下歇；
>
> 粑粑粘你的脚，拍打翅膀快扯脱；
>
> 粑粑粘你的翅，飞去银河过一世。

唱罢，伸手把田中的水，用力地戽一顿，能戽多高就戽多高，表示百鸟飞逃。然后便默默地走回家来，途中遇人，皆不言语。

其余的几块鸟粑，由家里主事的妇女拿着，走到种植诸样地货的园里、地头，恭恭敬敬地插上，同样要唱请鸟吃粑粑的送鸟歌，然后默默地回家。

鸟粑插在田头、园中、地里，当天上午，无论大人小孩，谁都不会去过问搬动，生怕把百鸟招到自己的田地里损害五谷。

相传送鸟的粑粑，受了天地诸神和百鸟的灵气，一过中午，谁吃了这送鸟粑粑，就可以身轻如鸟，灵巧如鹰。所以一过中午，瑶山寨子的小孩，个个都争先恐后地朝田头地里跑去，抢收送鸟的粑粑。那奔走如飞的场面，把这天的忌鸟节气氛推向高潮。个个都想吃了鸟粑快长快大，像大鹏一样展翅高飞，去看看山外的精彩世界。

龙胜泗水红衣节

正文 _ 苏韶芬　　竖排山歌 _ 宁梓戈

　　每年农历三月十五日，是龙胜泗水乡红瑶传统会期，也是瑶民隆重的红衣节。

　　红瑶是瑶族中具有特殊生活习性的一个支系，它们的衣着甚为华丽美观，极富艺术色彩。红瑶妇女的衣服以红色为主调，上衫下裙，上衣有锦衫、花衣、便衣（亦称扣衣）和双衣四种；下衣有裙子和围裙。男子上装着青衣或白衣，下着青色宽脚长裤。

　　红瑶女子的服装制作甚为精致。锦衫虽是妇女御寒的冬衣，但布料多用棉纱作经线，蚕丝作纬线，选用红、绿、黑、紫各色。以红色为主，其他各色多作配色。制作锦衫工艺为挑织，其工序首先布纱，接着穿线，装机拉动，然后就可以挑织。锦衣挑织的花纹图案主要有大方形花，方形内挑织有凤凰、勾头鸟等图案。这种花纹在一件衣上，有18—20幅之多。此外还织有山羊、桐木花、勾儿花、边花、螃蟹等，全衣布满，琳琅满目。

　　如此复杂多变的图画，全凭瑶女的想象和熟练的技艺挑织而成，可见她们的心灵手巧。花衣的制作主要以青粗布为原料，以白棉布染青为底布，用红、黄、绿、黑、紫等色作挑花用线。主要挑花图案有风调雨顺、五谷丰登春牛图；有表示如意吉祥的龙、凤、麒麟、狮子；有千年不老的神龟；有长空高飞的大鹏。此外，还挑有蝙蝠、金鸡、天鹅、香炉花、梧桐花等。一件花衣至少要挑上三十多种花纹图案，多的达五十种。红瑶妇女的花衣，在一切服装中都可以称得上是极为美丽、精致、珍贵的。

　　红瑶妇女的花衣花纹图案多样，布局雅致均匀，挑花生动逼真，色彩艳丽，美观夺目。红瑶女子也愿意在众人面前展示自己精心制作的花衣杰作。

据传早在元朝，泗水红瑶同胞就在每年农历三月十五日，举行隆重的会期，各村寨的男女老少都穿上节日盛装，红瑶的妇女们更是穿上崭新的花衣、花裙，戴上头饰、首饰赶到街头展示自己的风采。此时，整个泗水街上，红瑶妇女穿着鲜艳的七彩红衣，簇拥云集，就像一条七彩红河在翻波涌浪，徐徐流动，放眼望去，无不惊叹自己在红色大海遨游。因此，泗水三月十五赶会期也被称为"红衣节"。

而今这红衣节，人们不仅展示民族的传统红衣光彩，而且肩挑自己生产的土特产，成群结队来泗水街上欢度盛大的节日。在这里既展示红衣盛况，进行生活、生产物资交流，也开展唱山歌、吹木叶、对歌比赛。一些年轻人相聚在一起，开展"顶竹杠"、跳舞、杂耍等娱乐活动。这天的泗水沉浸在欢乐欣喜之中，一直欢腾到夜幕降临，人潮才渐渐消退。

龙胜红瑶爱牛节

"牛是宝中宝，耕田种地少不了；农民不懂爱耕牛，自找苦吃寻烦恼。"这是流传在民间的爱牛谣谚。农历四月初八日的爱牛节，在民间奉行广泛，各个民族、各个地域举行这个节日活动的方式也有所不同，传说故事也有差异。

民间都传说四月初八是牛的生日，有的说先前有一个人耕种很多田地，耕牛辛辛苦苦帮他犁田犁地，那人年年丰收发了财，却对牛很不爱惜，不但喂养不好，牛老了还被宰杀吃肉。

四月初八这天，主人在家大摆宴席，却把牛关在栏里受饥挨饿，一头老牛饿得难受就讲起人话来："我们累死累活，帮主人发家致富，他穿绫罗绸缎，吃海味山珍，连根草都不给我们吃，这等忘恩负义，不遭雷打，也要挨火烧的。"一个丫鬟从牛栏边走过，听到了这话，跑到主家面前把这话对他一讲，主家听了吓得目瞪口呆。他想这牛成仙了，讲话一定灵验，如果再不报恩于他，定会遭到祸害。于是，他就决定在这天好好喂养耕牛，帮它做生日。

另一个说法是，牛是天上的神牛，违犯了天条，被玉皇大帝在四月初八这天，罚下凡间来帮凡人耕田种地。

凡人得到神牛的帮助，甚为高兴，为答谢它的恩德就决定四月八为牛生日，每年农历四月初八为爱牛节，进行善待耕牛的爱牛活动。

龙胜红瑶同胞，每年到农历四月初八，农忙再紧也禁止用牛，并精心把牛照顾好。每个养有耕牛的农户，这天都要打扫牛栏，撒上垫栏草，将栏整得干干爽爽，上山割回鲜嫩的青草，包上黑糯饭喂牛，有的还包上鸡蛋或甜酒喂牛。

龙胜金坑的瑶胞还将鳅鱼和老鼠仔喂牛。他们希望牛吃了鳅鱼和老鼠仔就能像鱼和老鼠一样肥壮健康，一样旺盛生育牛崽。在牛生日

194

人间春播秋收
全靠勤奋老牛
为感老牛恩德
四月初八谢酬
享受生日喜宴
甜酒鸡蛋伺候
民间优良传统
世世代代不丢

前两天，各家主妇就带着小孩到山上采摘枫树叶或乌桕果叶，将叶子捣碎后浸水，再用浸出的黑色汁液泡糯米，一夜之后，将糯米滤干蒸熟成黑糯米饭，而后在牛栏旁边摆上供台，斟上米酒，呈上黑饭供果，烧香化纸供奉牛神，祈求一年耕作顺利、五谷丰登。祭祀后就用嫩草包黑糯米饭喂牛。有的则用木盆拌米糠、甜酒、鸡蛋喂牛。

爱牛节这天，家家户户都备有精细饲料喂牛，连草料都是专门上山割回来再投入栏中，让耕牛无须出栏就吃得又好又饱。

既然牛在栏中圈养，平时放牛的牧童在这天自然清闲无事了。家里大人为让他玩耍得有趣、畅快、欢乐，吃罢早饭后，父母就用楠竹壳包上黑糯米饭，里面放有鸡腿、鸭翅膀、鱼肉，寓意有腿跑得快，有能力展翅高飞、鹏程万里，并且吃不完用不尽，年年有余。黑糯米饭包好后，孩子高兴地拿着饭包，不约而同地走到寨子中心的岩坪上，将楠竹壳打开，相互比试，看谁的黑糯米饭好，如果谁的黑糯米饭不够黑，大家就抢着先吃他的。如此，以颜色的浓淡顺次抢着吃，嬉嬉闹闹，一直把所带的黑糯米饭吃完，大家才兴尽散场，回到自己家里，爱牛节才算过完。

瑶族爱牛节

正文 _ 李肇隆　　竖排山歌 _ 宁梓戈

农历四月初八，是牛的生日。瑶族把这天定为爱牛节，说起来有个故事。

古时有位瑶王，在农历四月初八过自己的生日，杀猪宰羊，邀来六亲九眷大摆宴席，把家里的奴仆、放牛娃也叫来帮着倒茶上菜，却把入春来天天给他耕田犁地、累得枯瘦如柴的耕牛关在栏里，忘得连禾草也不给一把。

瑶王家里的老牛婆，看到牛仔饿得难受极了，就对从牛栏边走过的奴仆说："主人花天酒地为自己庆贺生日，我们当牛的成天累死累活，倒被关在栏里连一根草都吃不到，我们再也难待下去了。"

这老奴仆听到老牛婆说人话，怕得要命，赶快把这事告诉了瑶王。

瑶王听了，怕老母牛煽动牛仔逃跑，就派人把老母牛的上牙敲掉，把牛鼻子也穿了起来，套上了绳子。从此，牛再也没有上排牙齿了。

瑶王过后一想：牛为瑶家耕田种地，一年到头确实累得辛苦。为了让牛不再遭灾难，表示人们对它的同情和感谢，瑶家就把四月初八定为爱牛节。

从此，每年到四月初八，即使农活再忙，也不用牛。清早就煮盆牛潲，还在精饲料里拌上甜酒，打两个鸡蛋喂牛。还要用乌桕树叶熬水，把米染乌，寓意米是牛用血染出来的，煮成乌米饭供牛婆大王和上界神灵。神灵享用了这乌米饭就会护卫牛不生病，人吃了这乌米饭呢，就会知道这饭来之不易，是牛给人的恩赐，而晓得怎样爱牛。后来瑶山就流传着一首长长的爱牛歌，开头就唱道：

特色民俗节日

196

瑶家爱牛情意真
种地犁田一家人
一年四季要谨记
瑶家莫忘老牛恩

牵起老牛犁大丘，讲起最苦是耕牛，
长年四季吃糠草，耕地犁田累没休。
牛轭压颈背拉拱，开口挨骂是菜牛，
拉犁不见草沾口，身上还挨鞭子抽。
……

因瑶家对牛的情感真切，爱牛的风气代代相传。

节日里的盘瑶盛装－苏韶芬　摄

东山瑶拜师节

正文 _ 李肇隆　　　竖排山歌 _ 宁梓戈

农历五月初五日，是东山瑶乡的"拜师节"，也称"敬师节"。

过去全州东山瑶乡地处偏僻山区，居住此地的瑶民和移居此地代征瑶粮税赋的汉民族，生活都十分困苦。

历史上，官府没有在这里的山区兴办学堂，瑶、汉民众文化落后，识字知书者甚少。瑶民借贷、典当、变卖立约写契或逢节祭祖写红包，都要请人代笔，不再三恳求、热情款待还难以请到。为改变提笔求人的尴尬境况，凡聚居有二三户村寨的有识之人，就会主动出来，邀集有意送孩子读书的人，联合起来，在村寨的祠堂、牛楼或草棚开办启蒙私塾学堂。桌凳各人自带，恭请一位知书达礼，懂得善写书信、契约、名帖、对联的先生做学堂老师，一个村民自办的私塾学堂就算办起来了。

这种私塾学堂的学生，不限年龄，不限村寨，凡自愿前来就读者均可入学。所以学堂就读的学生，有五六岁的儿童，也有十五六岁的少年。如果请到的老师是乡试的秀才或落考的童生，能作对吟诗、教书开讲，那么来就读的学生年过二十的都有。老师的薪俸，都是以谷子支付，且依照各人受教的时间，即读全学、半学或间学付酬。全学即全年都上学，半学即一年只有半年时间上学，间学即农闲时上学、农忙时辍学。全年的蒙童学生，一年付给老师的薪酬一般都是一担谷（120斤）；开读四书的学生，年付薪酬约一担半；开读五经的学生，年付薪酬约两担；读半学的薪酬减半。一般教蒙童和四书的老师，年薪最多的不会超过十六担谷子；教五经古文开讲的老师，年薪可达三十担谷子，这种老师在民间颇有名望，群众都会尊称他为大老师。

瑶乡私塾的老师，很受村民的尊敬、学生的爱戴。他在校食用的

莫说山乡地偏远
知书达礼事当先
全州东山瑶寨里
尊师重教代代传

米、蔬菜以及用柴都是学董安排学生轮值供给。一年内每个学生都要宴请一次老师和学董。其中，最为重要的是农历五月初五的拜师节。

私塾学堂无论怎样简陋，学董都要配备一张大方桌子和一把椅子给老师，摆在学堂正厅上方供老师教书批字。老师在桌子上方墙壁之上，贴上"大仁至圣先师孔夫子之神位"敬师神牌，每月初一或十五清早，老师都会在牌位前焚香叩首，以示对孔圣先师的尊敬。

到了五月初五敬师节这天，凡在私塾学堂就读的学生，无论家里贫寒或富有，都要准备五个或十个粽子（即五子登科或十全十美之意），线香一炷，钱纸一沓。这天，老师早已坐在教桌椅子上，恭候学生。当学生提着粽子（有的还加鸡蛋或糖果）来到学堂，先后有序地将礼品放在大圣先师牌位桌上，而后点燃香烛，叩首敬香，焚烧纸钱，接着便作揖下跪，向大仁至圣先师俯伏三次叩首，起立后向老师深深地作揖离位，拜师礼才算结束。

瑶山旧时盛兴的拜师节、风行的拜师礼，为瑶民养成尊师重教、尊重知识、尊重人才、激励后辈刻苦好学起到了很好的作用，形成了瑶山良好的社会新风。

恭城瑶乡关公节

关公是寻常百姓对关羽的爱称，好像这位英雄就在人群中间，是那么普通，又是那么亲近，于是许多地方的关帝庙都成为人们述诸诉求的场所，并演绎成系列民俗活动来祭祀心目中的英雄。

桂林的关公庙仅恭城县就有好几座，恭城的汉族、壮族和瑶族都敬奉三国名将关羽，尊之为武圣公，建祠称武庙或关帝庙。建在县城的武庙在建筑规模上都超过莲花镇、栗木镇、西岭乡、龙虎乡的武庙。自有武庙以后，人们都于初一、十五上香，并于每年的农历五月十二关羽诞辰日举行祭礼活动，形成当地有影响力的关公文化活动。

关羽，字云长，河东解良（今山西运城）人。东汉末年，他与刘备、张飞结义起兵，共建蜀汉大业。官拜前将军，封汉寿亭侯，于公元219年，兵败麦城，卒别人世。他以忠义仁勇著称于世，备受人们崇仰，加之历代统治者屡次加封倡导，使其灵侯而王、王而帝、帝而圣，步步青云，千秋奉祀，位齐孔圣。

恭城崇文尚武，明万历三十一年（1603）就建起了恭城武庙，庙宇面积2100平方米，传说关公不仅忠义仁勇，还怜惜百姓，当百姓有难时他都有求必应。在恭城就有一个关公显灵降雨，解除恭城百日无雨、田地干裂、人畜饮水困难的传说。为感念关公恩泽，祈求风调雨顺、平安吉祥，随后每年的农历五月十二，恭城民众便要对关圣帝君进行祭拜，遂演变成"一年一小庆、三年一大庆"的民俗文化活动。

庙会活动一般为三至五天，即农历五月初九至十二（或十四）。小庆和大庆活动规模不同，小庆时关公神像不出游，人们到庙里敬香。那个硕大的香炉积满的香灰昭示出人们对关公的敬意。在关公节期间，敬香的人川流不息。香火映红了人们的脸，也映红了周围人们

特色民俗节日

200

武圣关公
面赤心红
忠义仁勇
气贯长虹
恭城瑶乡
崇敬英雄
年年祭祀
佑护昌隆

虔诚的愿望。

关公节的大庆活动则庄重而热烈。整个庆典的主要活动有农历五月十一晚上在庙内设宴举行的暖寿活动。大庆活动期间，本埠和湖南八音班在庙内吹奏传统曲牌，用唢呐等鼓乐增添喜庆气氛。

庙会活动期间，庙里的古戏台每晚都上演关公戏，来自湖南的祁剧团在戏台上的演出满足了戏迷的戏瘾，又在关公节期间起到了寓教于乐的作用，让人们在看戏中接受传统儒家文化的教育，把忠义仁勇的关公立体展现在人们的眼前。就像武庙里的对联：

赤面秉赤心骑赤兔追风驰驱时勿忘赤帝
青灯观青史仗青龙偃月隐微处不愧青天

大庆之年的农历五月十二日上午九时许，各界人士在庙内协天宫前举行庄严的祭祀典礼。随着鞭炮声、击鼓声和铿锵的钟声，人们敬献祭品、净手上香、虔诚拜叩、诵读祭文、行礼膜拜，然后举行神像巡游仪式。巡游队伍有护神师公队、罗伞彩旗队、牌匾旌幡队、鼓乐队、龙狮队等五十多个参庆队伍行进巡游，队伍浩浩荡荡，气势恢宏，阵容威武雄壮。

巡游路线按传统规定进行，行程数公里，历时数小时。人们怀着对关公敬仰的心情从四面八方聚集县城。沿街两边有数万观众，人山人海，秩序井然。活动期间，本县及周边邻县的数十个龙狮队伍要先到庙内进行拜贺后，才能参加巡游。在巡游中龙腾狮跃，走一路舞一路，引人注目。

关公的神像更是体现了工匠的独具匠心。整个坐像犹如一个真人，神像走到哪，人们的祭拜就在哪。关公出游途中，各祭拜点都设香案拜席，供以果品、三牲、红蛋，俗称"供码头"。最有意思的是当年添丁者要奉供红蛋。这一天也是各个码头开展竞赛的日子，他们以丰厚的供品、醒目的摆设迎接关公神像的到来。

在龙虎关的关公庙里，关羽塑像红脸长须、慈眉善目，他像一位忠厚长者护佑着这方土地。他的旁边是送子娘娘，送子娘娘像前的小鞋子是还愿的人家供奉的，它们静静地在关公庙里看着龙虎关的变化，听着龙虎河的潺潺流水声。这是龙虎关一幅奇特的图景，或许人们祭祀关公也为人丁兴旺吧。于是这一愿望就从龙虎河流到茶江，与关公节民俗活动中敬奉红蛋的人们一起，希冀完成心中的祈愿。

恭城瑶乡周王节

　　自明代成化年间，恭城的民众为感恩周王公（周渭）对家乡做出的重大贡献，在县城太和街修建了一座周渭祠。每年农历六月十五日周王公诞辰之日，县域民众就会蜂拥到周渭祠里来，举行隆重祭祀周王公的朝拜庆圣活动，相沿成习，于是恭城便有祭祀周王公的节日——周王节。

　　恭城周王节的由来，得从奇人周渭讲起。周渭生于五代贞明八年（922），字得臣，瑶族，恭城炉口村人（今平安乡路口）。家境贫寒，父母早丧，由叔伯抚养成人。当时，盘踞五岭的官员对恭城百姓层层盘剥，征役税赋繁多，百姓不堪重负。30岁的周渭曾两次率数百乡民逃往湖南，途中遇强盗袭击，所望落空，后来只身北上。

　　宋建隆初年（960），周渭到达京城汴梁，为户部侍郎薛居正器重，因上书朝廷，陈述时务，被召应试，赐同进士出身，授任白马主簿。他到任后，见县大吏作奸犯科，依法处斩。宋太祖得知，擢升为右赞善大夫。任永济知县时，盗贼甚多，他将擒俘的盗贼及匿藏盗贼的人，一并处斩，使混乱的地方得以安宁。其后他任过兴州（今陕西略阳）通判，宋太祖见他制驭有方，诏书嘉奖，命其兼任置口砦钤辖。以后升任广南诸州转运副使，开始回家探亲，得知恭城百姓仍受苛捐繁税之苦时，立即奏请朝廷减免，同时兴办学校，开发民智，造福家乡。

　　宋咸平二年（999），宋真宗拟再启用周渭，刚下诏书，周已病故，享年77岁。因其一生忠君举事，屡建功勋，但清贫如洗，几乎无法举丧。皇上敬佩有余，遂敕封他为忠烈御史周王，拨银10万。

　　周渭亡故后，恭城百姓为悼念他造福乡梓，便建立周王庙，营造神台，立龛塑像。明成化十四年（1478）建于县城太和街的周渭祠，

到清雍正元年（1723）又进行了重修。祠的门楼面阔三间，门楼重檐
歇山，两层屋面之间饰有斗拱，以"一斗三升"为一组，共有300组，
构成一个完美的图案，群众称之为"蜂窝楼"。整个门楼斗拱以千余
根坚木为榫，相互衔接吻合，彼此挟持，不用一颗铁钉、一件铁器，
结构精巧严谨，具有独特风格，有较高的艺术欣赏价值。此外，迄今
县城还有老周王庙和新周王庙两座，见证昔日周王节的祭祀盛况。

　　恭城周王节，自周渭公逝世，百姓建周王庙始就历代崇祀了。每
逢周王公六月十五诞辰之日，各街巷百姓不用人召唤，都会主动做好
供品糕点，各种糯米粑、瓜果，准备好香烛纸钱等，用提篮装好，净
手洁身，一番打扮后，才诚心诚意提着篮子走到祠堂来，恭敬地摆上
供品，斟上供酒，点燃香烛，虔诚地跪拜，祈祷祭祀，默然地许愿祈
福。这时庙宇祠堂里人群拥挤，灯火辉煌，香烟缭绕，紫气氤氲，但
寂静肃穆，鸦雀无声，呈现的是一派庄重的祭奠周王的气氛。

　　在祠堂和庙宇外面，就是另一种欢快热闹庆贺祭祀场景了。除张
幡祭奠、燃烛祈祷、举酒祝祷的群众外，还有在祠堂庙宇的门旁用桌
子搭成戏台表演戏剧、文场、小调的。锣鼓喧天，弹拉吹唱，高腔
小调，把祠堂庙宇门前闹腾得沸沸扬扬，将敬神与娱人融为一体。从
前过这周王节，从上午八九点钟开始，总要欢庆闹腾至日头落山才会
结束。

东山瑶修沟节

　　修沟节的时令，一般在芒种与夏至之间，何日进行，全由同一个田垌耕种田亩的户主协商择日而定。一年一度修整沟渠，轮流放水，确保合理灌溉，使整垌田夺得丰收，是民间形成的传统管水灌溉习俗，在桂林农村，数百年来凡是有小溪、山泉、小江穿过农田大垌的村庄，都会有修沟的节令活动。

　　地处山区，水源较少，而田亩汇聚成垌的地方，修沟节令的活动就都会被农户们看重和遵循，到了芒种过后，农户们都要过这一重要的节令活动。在东山瑶乡锦荣村吊水井门前田垌举办的修沟节，其历史就有相当长的年头。

　　东山瑶乡锦荣村吊水井门前田垌坐落在窑头岭和杯子头两岭之间，由南向北敞开的一处狭长田垌，拥有高低不平120多亩农田，由岩口、吊水市、盘家田三个自然村的农民耕种。南端的枕头地段山石里，一股清泉从地底涌出，形成一条小江，从田垌中间弯曲穿流，长约1公里，至垌尾潜入地下。古时在小江的上端，村民用石块设有一坝，将水引入两流水沟，沿东西山边延伸，浇灌沟边禾田；到了田垌中段，村民又在江中筑一石坝，将水完全堵断，引入江东边和西边两条沟渠，延伸至垌尾，浇灌沿沟所有禾田。

　　一条小江，两座水坝，四条水沟，将有限的江水引进满垌农田，没有严格的管理、共同遵守的规则、约定成俗的风习，是无法使三个村落耕种的田垌获得人人满意的收获的。先人足智多谋，便兴起了修沟节活动，修沟轮水，限时限量浇灌，合理分配，确保满垌丰收，家家欢喜。

　　每年芒种过后，田垌尾水的农户，占有农田多的户主和各条水沟都种有农田的户主，会主动出面牵头，邀集十余人，商定修沟的日期，备好石灰。到了约定的修沟节日，凡参加的就会带上砍修沟渠上的荆棘杂草的镰刀，清理淤泥的耙刮，消除堵塞的锄头挂耙，一早就来到预先约定的地点集中。牵头的人会将众人分为四队，一队四至五人，即两人砍修杂草，两人清理淤泥，一人踩泥。四队各负责一条水沟的修理工作，由沟尾修起，一直迎沟而上，修到坝首，还要将坝上的漏水洞堵塞好，修沟的主要工作才算完事。

修沟的第二件任务，就是负责各条沟的带头人，要带着同队的伙伴，到有农田占水的户主家里，告知沟已修好，从何日起，按照原先规定的时间放水灌溉，不得有误，不能违规。

此外，根据户主田亩多少，收取修沟劳务补餐费。这劳务补餐费，按自古以来约定成俗，每亩田收鸡蛋或鸭蛋一个。没有蛋就收一个蛋的钱，无蛋无钱，就收一抓米（一升米为四抓）。

修沟轮流信息和修沟劳务餐费的事办完后，四个小队的人聚到一起，大家将收到的米、蛋、钱集中起来，然后根据钱米的多少，做出买酒、煮饭、做菜的计划，到一人家里共吃一餐修沟节活动酒。这样就算沟修好了，酒吃够了，节过完了，水轮放了。

修沟轮水的传统风俗，尽管没有惩罚规定，但执行起来特别严肃有序。不光人人遵守时间无误，就是那田头的分水码头，也严厉得不差分毫。有的就安装自古用青石凿刻好等份的分水码头；没有石磴码头的田头，户主就用坚韧的三合泥做分水码头，然后根据需要轮流放水的田亩面积，把草分成等份，再根据分水码头各边的田亩面积，用草的等份开出分水码头流水口的宽窄，每条水沟从头至尾，所浇灌的

东山瑶民早绸缪
灌溉时节要修沟
相沿成俗共遵守
确保农田得丰收

田亩按浇灌的时段长短、田亩的面积，分成一个轮回，几个轮回即为几埠水。

如两天轮回完一次，那么第一天上午为第一埠水，这头埠水的农田户主就要在早晨规定的时间，到垌里把水分好，到了中午12点，下午第二埠水的农田户主就来接水了。下埠接水的人，不用人叮嘱就会认真地把上埠水的田进水口塞好，将水接流下去。如此，一埠埠严谨地接下去，将一天分成白天的上午和下午两埠水，晚上为一埠水，一条沟两天两夜为六埠水。这样反复循环轮流，既保证沟水合理运用，又能减少各农田户主的管水时间。因为修沟、轮流灌溉严格有序，所以旧时在农村，农田水利纠纷很少发生，体现出一种互帮互助互让的朴实民风。

阳朔龙尾瑶歌堂愿节

正文 _ 李肇隆　　　竖排山歌 _ 宁梓戈

每年农历十月初十日，阳朔福利镇龙尾瑶族同胞都举行歌堂愿节，热闹非凡的连欢唱，是瑶家传统歌堂愿节独具民族特色的节庆活动。

龙尾瑶家歌堂愿节的由来，与瑶寨流传的一个美妙传说有关。相传古时候，在瑶乡有一位瑶族妇女很聪明，口齿伶俐，能讲会说，特别爱唱山歌。她出口成章，见几打几，十里八乡的男女歌手来找她对歌，没有哪个不败在她的手下。她为了把瑶家培养成歌唱的民族，在众人的要求下，热情地将不少来自各寨学唱歌的青年收为徒弟。因为她对徒弟耐心、关爱、认真，徒弟们进步很快，大家尊称她为"歌娘"。

后来歌娘老了，病卧在床上，七天七夜水米不沾，还是轻声嘟囔着山歌，就是不断气闭眼。守在床外的徒弟觉得奇怪，按理说就是身强力壮的后生，七天水米不沾也没命了，何况歌娘已是年过耄耋的生病老人？守候在旁的徒弟，个个猜测歌娘担心的后事，猜来猜去都没有结果。一个最了解歌娘心事的徒弟，走到床前说："我晓得了，歌娘不肯离开我们，一定是怕她死后，再也没人陪她唱歌，她和大家相聚的歌堂会也完了。"

大家一听全明白了，个个跪在歌娘床前，异口同声地向歌娘许愿道："歌娘，你放心走罢，我们向你许愿，三至五年，我们一定举行一次盛大的歌堂会，烧香化纸接你回寨里饱唱一次山歌。"

歌娘听了徒弟们的话，就安详地闭上眼睛离开了人世。自这以后，龙尾瑶乡每隔三至五年，各村寨瑶胞就聚集在一起，举行一次歌堂会，歌堂会举行前先烧香化纸，请歌娘赴会来饱赏后辈们欢唱山歌的情景，徒弟们齐向歌娘还愿，后来人们就称这歌堂会为"歌堂愿节"。

过去，龙尾瑶乡每次举行唱歌还愿节时，各家各户都会邀请亲朋好友来寨里看热闹唱歌，瑶寨里到处呈现一派欢乐的节庆景象，后来，龙尾瑶寨的瑶胞觉得，这歌堂愿节三年或五年一次时间太长，大家一商议便改为每年农历十月初十日举行。这天的白天，大家到盘古庙（龙尾庙）祭祀盘王，晚上便举行歌堂愿唱歌会。

男女老少聚集在一起，尽兴地高歌，盘古庙堂完全笼罩在嘹亮的歌声之中，欢唱庆盘王的长鼓歌、风俗歌、生活歌、情歌等。开歌时唱的长鼓歌显示了瑶家源远流长的歌唱传统。其歌唱道：

> 长鼓腰，长腰木鼓有根由，
>
> 要问木鼓从何起，一二从根唱起头。
>
> 木头本是梅山出，梓木雕就两头空，
>
> 羊皮封在两头上，中间一定要连通。
>
> 规定长度三尺六，细绳连就不得松，
>
> 遇逢瑶家喜庆事，载歌载舞乐无穷。
>
> 长腰木鼓传后世，一直流传我瑶家，
>
> 千村瑶寨都知晓，万家瑶人不离它。
>
> 盘瓠出世到如今，先定山河后有人，
>
> 只为瑶家来传代，儿孙世代要记清。
>
> 手拿木鼓四般新，告诉儿孙要记清，
>
> 头帕小锣双木鼓，代代传宗要分明。
>
> 保苗定在三月间，酬还良愿十月乡，
>
> 年年有个尝新节，长腰木鼓会歌坛。

歌堂愿节上除唱长鼓起歌外，还要唱"请盘王""还愿歌"等风俗歌。

生活歌有：

> 野鸡过路尾拖拖，三岁儿童会唱歌，
> 唱歌没要爷娘教，肚里聪明有几多。
> 唱首山歌解个忧，喝杯冷水凉心头，
> 冷水去得心头火，唱歌能解万年愁。

阳朔龙尾瑶家对唱歌情有独钟，每逢年节，如元宵、八月十五等节日都会连歌欢唱，遇上好的歌手，往往会唱个通宵达旦，到了十月的庆盘王和歌堂愿节，更是唱得废寝忘食，甚至连唱几夜都没有倦态。如今歌堂愿节，没有过去那样频繁，但在每年盘王节时，歌手们依然会聚集在盘王庙对唱山歌。

庆盘王

正文 _ 李肇隆　　竖排山歌 _ 宁梓戈

每年的"庆盘王"活动，是桂北全州县东山瑶族同胞最大的一件盛事。

过去，瑶家村村寨寨都立有庙堂供奉盘古王。为庆贺盘古王的生辰，各寨以庙堂合宗共议，将户主依次排列，轮流坐庄，担任一年一度的"庆盘王"头人，不少庙堂设有庙田，将庙田所有的收获都拿来当作"庆盘王"的费用。

没有庙田的村寨，头人就在年初到各家各户，按每户人丁，筹集一年所需的全部庆庙开支，把"庆盘王"的神圣节日办得热热闹闹，以祈祷、答谢盘王和祖宗当年的庇佑，并求祷来年的降恩赐福。

盘瑶的神圣节日"觉卡勿"（即庆盘王），不单是庆神求圣，还有重要的合族集宗共同议事的作用。东山瑶家过盘王节是十分隆重和严肃的，都以村寨共同供奉的盘王庙堂为单位进行庆祝。庙堂是这些村寨共同管理社会秩序议事、立规、订约、奖惩的最高权力机构。每年"共庙"的村寨，总共有八到九个头人。这些头人，除主持一年一度的"庆盘王"圣典外，还有管理同神共庙、众姓人等的集会、议约、赏罚和调解纠纷、封山育林等职权。这些头人不是世袭，也不连任，而是按户依次排列，轮流坐庄，掌权议事，一年办事完毕，到十二月收兵安奉庙堂后，将"庆盘王"的锣鼓和一年赏罚的经费账目，交给第二年轮到的执事头人后，当年任务就算完成。

每年正月初二，担任"庆盘王"的头人就要聚拢起来，到各家各户拜年，凑集这一年"庆盘王"需要的香灯、礼酒、白米、豆子等必备物资。主家对头人的到来，必须热情接待，款敬头人薄酒一双，预祝头人不负重托，把"庆盘王"和乡规民约管好，确保当年喜庆丰收。

头人把东西凑齐后，几个人分工保管起来，任何人都不敢私占。否则，有欺圣灵，那是灾祸难免的。

瑶家信盘古王，且多数人知道盘古王有三兄弟，并听梅山道公在唱盘王过神书中说道："上王盘古好年月，元孔元年原出生。六月初六王出世，卯时落地会腾云。七尺高来七尺大，七眉七眼照乾坤。"所以六月初六是瑶家信仰的"护青保苗节"，即"上王盘古"的生日。

这时节，苞谷扬花吐须，粟子抽头吐穗，禾苗壮胎出穗，家家最怕庄稼伤虫，人人望能有神力相助获得丰收。这天，头人要备办活鸡三只、猪肉数斤、肘子一个、活鱼几条、酒一坛、豆腐一灶，叫作三牲酒礼，还有香烛财楮、纸码等。

按惯例，头人将请来三至四位道公，并邀集庙堂所属各户，一家一人到庙里共同庆祭盘王。祭祀仪式除有常规的起鼓、开坛、发牒、请圣、庆贺盘王外，还要敬奉田公地母、土地山神和五谷大仙。仪式完毕，众人在庙坛合吃散坛酒，检查村规民约的执行情况。

九月初九重阳节，是"中王盘古"的生日，因八月十五祭祀了开天圣母，十月十六要举行"罢稿节"，所以"中王盘古"生日的九月初九，就不搞祭祀活动，只由一位头人提一壶酒，备点纸钱，到庙坛供奉一下即可。到了每年农历十月十六日，即"下王盘古"的生日，就与往日的祭祀不同了。十月十六日既是瑶家一年一度的传统"罢稿节"，又是庆贺"下王盘古"生辰的大庆节日，庆贺活动隆重而热烈。

此时，瑶山一年的劳动成果尽数收获入仓，一种酬天赐福的心情沉淀在各村各寨的瑶胞心里。所以，这次盛大的庆典具有一年一度的欢庆丰收之意，各家各户都把这天作为欢乐无比的祭奠创世祖先的节日。

头人除了备办好一头肉猪、三十六只鸡鸭、数缸白酒，鱼、肉、豆腐足量之外，还要先把"庆盘王"的消息告诉在这一年生养了男孩的户主。这家户主得知消息后，不用头人讲明，他会自觉地酿酒两缸，捉一只大公鸡，送到庙堂来交给头人，作为庆贺盘王之用，表示新添的盘王子孙对自己创世祖神盘王的敬奉。

头人接了新生孩子户主送来的祭礼，在祭奠盘王供奉以后，将宰杀了的大公鸡，砍下一对特大的鸡腿，用红纸包好，送给小孩，祝福他吃了可以百无禁忌、快长快大。

庆圣大典中，头人除办好一切供品香烛纸钱之外，还要公布一年执行团规民约中对违规侵约的人罚得的款项，以示自己在这一年为民管事、执约循规的严明。

"罢稿节"恭请道公也要遵循古老的规矩，主持祭祀仪式的道公都有一套吹打扯唱、文武皆能的本事，以及善调会舞的把子功夫。

他们携带着代代相传跳神的三十六个面具，跳神的器械有大刀、长矛、月斧、金鞭、铜锏、链枷、齐眉棍等。道公的道衣除了长袍、花衣、道帽、头扎外，还有跳神用的兵勇法衣、披甲、短铠等。做法事用的道具除一般的锣鼓、大小铜钹、横笛、唢呐、二胡、铜铃、七星宝剑、兵柱棍之外，还有度师金牌、令牌和招兵集马的牛角号。当五岳，开天圣母、圣公的头像在穿村过寨时，吹响号角，表示招兵赴会。

"庆盘王"盛会，不仅道公所做法事很多，形式多样，内容丰富，而且庆贺的圣堂也被装扮一新。能工巧匠要在仪式前将精美的扎有飞檐、斗拱、明窗、六厢的拱门五彩牌楼扎好，吃罢晚饭后，三天三夜的"庆盘王"盛会就隆重开始。

恭城瑶族自治县盘王节活动－莫绍儒　摄

盘王节挞鼓舞

正文＿李肇隆　　竖排山歌＿宁梓戈

每年农历十月十六日，桂北的瑶族同胞都要欢庆自己的传统佳节——盘王节。在这个盛大的节日里，恭城、阳朔等县的瑶民，吹起悠扬的芦笙，跳起舞姿刚健的挞鼓舞。这是瑶族世代相传的重要习俗，也是瑶族节日的祭祀舞蹈。

挞鼓舞起源于瑶民的一个古老传说。瑶族同胞的始祖上山打猎，在追赶一群山羊时，不幸死于一棵树的丫杈上。他的后代为报父仇，打死了山羊，剥下羊皮；又上山把那蔸大树砍回来，锯成节，挖空树心，将羊皮蒙在树筒上，做成两头大、中间小的挞鼓，日夜敲打，以祭祀祖先盘王，表示瑶家对盘王的思念之情。

跳挞鼓舞的场面甚为热烈，人群簇拥，气氛活跃，围观者与表演者情感相融，心心相通，显示出瑶家共同追念祖先、创建美好生活的强烈愿望。参加挞鼓舞表演的人，要穿上节日盛装，人数要成偶数，通常要由12—24人组成。表演者分别为吹奏芦笙、手执羊角和手击挞鼓。

击挞鼓者（鼓长约1.8—2米），其表演动作有72套，生动表现出瑶家开荒、种树、耕作、建房等生产、生活内容。击小鼓者（长0.7—0.9米），击鼓的方法更为精彩、灵活。他们左手握着鼓腰，脚步腾挪，身体旋转和跳跃，右手则有节奏地拍击鼓面，时而扬手虚空，表演出雪花盖顶；时而挥臂舒展，演绎出左右插花；时而俯身弯腰，展示虎须盘根和莲花宝座；时而腰身一转，鼓旋含法，又一套黄龙缠腰。在表演中，伴着悠扬的锣鼓，嘹亮的唢呐还不时发出奔放、激越的号子声。大家按击鼓的套路，表演者或蹲或跪、或跳或腾、或行或走、或旋或转……通过文官舞、女鼓舞、将军舞、召兵舞、四季舞、百花舞、

挞鼓吹笙敬盘王
祈愿盘王佑一方
瑶家歌舞千秋史
展示源远与流长

狩猎舞、土地和回龙舞等十来个曲牌的内容，再现瑶族同胞征服大自然、战胜困难险阻、创建生活的辉煌历程，洋溢着瑶家阳刚之气的挞鼓舞，演绎出瑶家绚丽的史诗，衬托出大山民族的精神。

　　而今，这源远流长的挞鼓舞，不仅在大山里仍为瑶民推崇酷爱，也深得山外民族的赞赏。有的已组成挞鼓队，参加了各种竞技表演，更多的已成为旅游景点展示给观光者品赏民族艺术之花的重要节目。

瑶族挞鼓舞－莫绍儒　摄

盘瑶敬盘王

正文＿李肇隆　　竖排山歌＿宁梓戈

农历十月十六是瑶族的盘王节。

盘王是瑶族支系盘瑶传说中的始祖。他是一位大智大勇的英雄，为民族立下了汗马功劳，被招为国王的驸马。盘王与公主结婚后，依山而居，男耕女织，生下了六男六女。

有一天，盘王上山打猎，被一只羚羊用角撞下山崖，不幸身亡。他的子女为了悼念父王，便用泡桐树制成鼓，将羚羊皮蒙上，当作鼓面，击鼓以示悲愤。与这一神话传说融为一体的民族祭祀活动——敬盘王，千百年来也一直在盘瑶中流传。

节日的瑶山，瑶胞们不仅举行各种祭祀活动，鼓乐齐鸣，载歌载舞，欢乐中充满着神圣的气氛。在举行婚礼时也要唱盘王歌以还愿。这种为还盘王愿而敬盘王的特殊形式，在临桂的盘瑶中流传。

新婚之日，新郎新娘在拜堂开始前，主婚人准备好供桌，桌上点燃一对大红烛，摆上糖、果、金花、银花，表示甜蜜美满、金银富贵。当鞭炮声、鼓声、唢呐声响起时，新郎、新娘双双步入堂来，拜盘古、拜祖宗、拜高堂、拜贺喜的亲朋，贺亲者也一齐向他们祝福。然后主婚人说"唱还愿歌"。这是盘瑶婚礼最激动人心的时刻。话音刚落，师公和由伴娘带领的六位身穿盛装的童男、童女走上堂来，全场肃然静立，师公领唱，孩子们唱和，高亢的男声和稚嫩的童声交织，给人一种特别的感受。

为了更形象地表现盘王的业绩和祖先迁徙创业的艰难，歌者边唱边在堂屋绕圈而行，然后再到屋外边唱边走，歌中唱道："洪武年间天大旱，瑶家禾苗庄稼尽遭殃。"为了生存，盘瑶的先人"漂洋过海又过江，开船走了三月久，行船还在海中央，思量飞天无翅膀，人心

瑶族始祖是英雄
为国立下汗马功
巡山打猎遭不幸
子孙代代念精忠
十月十六同祭祀
水远山长处处同

慌乱无主张，又怕风大翻落海，万般无奈想盘王"。结果盘王显灵了，保佑了他的子孙平安靠岸。

在婚礼上唱盘王歌，让子孙世世代代不忘民族历史、不忘创业的艰难。

瑶族的敬盘王活动，庆祝与祭祀相交融，既礼赞了神，也娱乐了人。不管哪种形式，敬盘王那厚重的仪式感，总会给人留下一些难忘的记忆。

红瑶祭盘王

正文 _ 李肇隆　　竖排山歌 _ 宁梓戈

祭祀盘王，是龙胜各族自治县中红瑶最盛大的祭祖节庆活动，大寨、中禄、小寨、江柳等村寨，把这祭祀盘王的节庆称为"做大将"，潘内、细门、马堤等村寨称为"调大庙"。祭祀时间多数在八月十二或十月十六日进行。

祭祀盘王源远流长，源于一段古史。

相传，从前红瑶的祖先居住在京城，由于人少力薄，常被外人欺侮排挤，在京城难以生活下去，全族人等商议从京城迁徙到山东青州府大巷重建家园，虽然刀耕火种，日子还过得无忧无虑。皇上为了了解红瑶的生活情况，便派了两名御史到山东青州府巡查。谁知这两位御史来到青州府，贪恋瑶民的盛情款待，把如期回京禀报实情的约定忘得一干二净。皇上见御史延误多日不归，以为御史被素来强悍的瑶民杀害，便恼怒万分，遂下令派遣官兵到山东青州府围剿瑶民。瑶民奋起反抗终因敌众我寡而失败，被迫举家离开山东青州府大巷往南逃难，一路逢山过山，逢水涉水，过黄河、渡长江、穿洞庭湖，经梅山、桃源、九溪等地，最后来到广西桂北山区（今龙胜）境内定居。

红瑶祖先在逃难途中，乘着木船漂洋过海，常遇狂风大浪，木船摇晃无常，生命危在旦夕。这时大家想到瑶民祖先盘古王。一位精通巫道的师公想起以前祭祀盘古王时用的三节竹子，于是他立即设坛安好神位，焚香化纸向盘古王许愿："盘古王若保佑瑶民平安过海登陆，瑶民永不忘祖先深恩，安居后将立庙永远还愿祭庆。"许愿后，盘古王果然显灵，长江、大湖顿时风平浪静，红瑶先祖顺利渡海，保全了性命和财物。从此，在红瑶民间就世代流传"大田大地均可抛，神灵千万不能丢；三节竹子随身带，走遍天下保平安"的祖传警言。

所以，红瑶先祖们迁徙到龙胜定居后，修建了盘古王庙，虔诚信仰和尊崇盘古王（有称盘王），视之为自己民族的祖神，每逢祭祀节庆之日，举行盛大隆重的还盘王愿节庆活动。

红瑶盘王庙的节庆，庄重肃穆，有严格的程序和仪式。

首先要择日和备礼。每到还愿之年，寨子的头人，年初就要请师公到盘王庙向盘古王占卜，选定好还愿的日子，落实一名男性负责饲养肉猪，供祭祀盘王时宰杀。节庆的前半月，师公还要到盘古王庙堂，向盘王占卜认定由谁负责酿造祭祀盘王的节庆用酒。养猪、酿酒都要用清净的水，均由卜定的男子负责。酿好的酒要及时送到师公家里保存，待还愿时开坛使用。

还盘古王大愿是调神的盛大活动，负责主持祭祀的人叫把坛师，他必须事先列出5—7名35岁以上、曾做过师公的男性名单，然后到盘王庙向庙王占卜，确定谁装扮大将（勇士）。各项事宜准备完毕，在还愿的前六天，各个村寨的师公、大将、主事者、寨老要集中到主坛师公家里作法起坛。起坛后要守坛，师公为首引唱《分逢歌》。

主坛师引唱，大将、寨老、主事者多人一旁搭腔合唱。歌词主要叙述迁徙逃难途中夫妻分离被盘古王搭救后，夫妻重逢共建家园的欢乐情景。还愿前七天，各寨的师公、大将、主事者都要拜土地神，然后到草坪上烧一堆火，师公在火堆边不断挥舞着剑刀、尖刀并和其他在场的人，齐唱《分逢歌》一直到天亮才散场。

到了庆盘王庙开始的当天，各寨的师公、大将、主事者和参加节庆的群众，将年初饲养的肉猪、放在师公家保存的酒、各家凑集的大米等祭祀物品，挑到盘王庙里，主坛师公就叫主事寨佬摆好供果，祭祀盘古王的还愿活动正式开始。

还盘王愿，祭祀的中心内容就是主坛师公的调神法事。祭祀仪式开始，师公们都要穿长袍，头上戴上道帽。装扮大将的法师身上披花布裹体，头上戴着用竹子做成的五色花帽，帽子的左右两边各插一支野鸡尾羽，手执一根兵柱棍棒，气派威武雄壮。参加祭祀的瑶胞也都换上新装，恭敬地站在庙堂。

在锣鼓声中，师公踏着法步在前面引路，大将、主事者和各寨佬列队在盘王殿前随着乐队轻敲细奏，由主坛师公作法主祭。他带领大将在庙堂盘王圣像前拱手作揖，并大声念道："保坊信主备办三牲酒礼，虔诚祭奠盘古王大圣祖先，祈望真心奉领……"念罢，主坛师公、大将、主事者便一同高声齐唱《分逢歌》。唱完一段喝一口酒，如此反复进行，将歌唱完算作罢一套法事。接下来摆供上香。这时，主坛师公手捧一个全猪头，在盘古王像前踏罡步斗，将猪头摆到供桌上放好，斟上供酒，然后和大将正式向盘古王宣布还愿节庆活动开始。

主坛师在一系列祭供后，他就领着师公、大将、主事者、寨佬及参祭的信众在庙堂神像前，相互间手拉手站着，形成圆圈一进一退地跳着，再高唱、反复齐唱《分逢歌》，场面热烈欢快，整个盘王庙堂洋溢在喜庆气氛之中。

第二天进入祭盘王仪式。这天，祭品除猪头、礼酒、明月粑、香烛、纸钱外，还增加一只白竹鼠和七只鸟雀作祭品。在例行香烛供果祭祀后，主坛师还要将白竹鼠和小鸟挂在盘古庙的梁木上，由各寨的大将轮流用弓箭射击，每人射三箭，打小鸟象征打得飞禽，打竹鼠象征打得走兽。上午各项祭祀仪式结束后，各寨的大将们集中在一起，手拿木棍，一人扮外公，一人扮外婆，走出庙堂外，一路游走，一路玩乐。

外公背个大包走在前面，外婆拄一根拐棍跟在后面。两人走在田间小路上，走着走着外婆就掉队了。外公时不时回头喊道："你外婆快点呀！寨里家家煮好大肉大酒等我们了，去晚了酒肉都冷了！"外婆在后面慢慢答道："人老了，走不快。再慢也不着急，煮好的酒肉冷热都是等着我去吃。"如此这般，时而讲笑取乐，时而挥杖耍水。两人一路调侃，一路逗趣，在庙堂三进三出，充分表现先祖们田间地头劳苦耕耘的生活野趣，也展示出瑶家先祖昔日夫妻相亲相爱、太平安乐的美好生活。

还盘古王大愿的最后一项仪式是要吟唱祖先的历史。

仪式步骤是：大将们身穿花衣，头戴花帽，手拿大刀和弓箭，气势威严，昂首阔步地走出庙门去搜山巡寨。他们行走一段路后便停下来，互相间举刀开弓，打斗一番，如此边走边打。最后大将们便走到一个叫"公爷石"的大石头旁停下。相传红瑶祖先从外地迁徙到桑江河畔时，是坐在这块石头上商定此处定居的，故称此石为"公爷石"。这是一块神圣的石头，严禁任何人上去玩乐，只有在还盘王愿时，师公、大将、寨佬和少数参与还愿活动的人才能上去。

上"公爷石"的程式是：先由一名寨佬带领一名中年男子和四名装扮武士的男子上去，寨佬在岩石上打坐，一男武士站在寨佬身后帮打一把乾坤伞。寨佬身边各站两名武士，武士各一手拿神箭，一手拿斗笠和米筛。他们站好后，大将们随后才能上去，武士们便提弓箭、挥舞大刀与大将打斗几个回合停下后，就与寨佬对唱《大公爷》。

如果大将们唱错一句，岩石下的听众就会齐声大喊错了。武士便挥舞弓箭、大刀与大将们打斗几个回合，寨佬才又和大将们继续对唱《大公爷》。双方一直唱到歌词内容完全一致后，大将们才能脱下袍服走下岩石，祭祀盘王的节庆活动才宣告结束。

　　还盘王愿的节庆，是红瑶对祖神的尊崇祭祀，整个仪式活动包含村寨消灾驱邪、祈福保平安的愿望，同时怀念祖先，叙述了家族历史、迁徙传说和民族特有的文化内涵。

恭城瑶族盘王节

正文_李肇隆　　竖排山歌_宁梓戈

　　盘王节是瑶族祭祀祖先盘古王的隆重传统节庆日，因住地不同，过节的日期也不一样，如全州东山瑶敬奉三王盘古。最隆重的大庆是农历十月十六日，即三王盘古的诞辰，也称"罢稿节"。凡立有盘王庙堂的村寨，多是一年举行一次。1990年版《恭城县志》记载："恭城瑶族历来有过盘王节的习俗，各地日期不一，每三年五年一届，有正月十五、十月二十六，也有另择吉日。全村杀牛宰猪，隆重祭祀盘王，并抬盘王塑像出游，请道师做法事，念诵《过山榜》、《梅山歌》等瑶族谱书，传播瑶族迁徙历史。同时开展演戏、挞鼓、唱歌、抢花炮、舞龙舞狮等文体活动。1985年自治区统一规定农历十月十六日为盘王节后，三江、莲花、观音等乡先后举行大型盘王节，开展各种民族民间文体活动，宣传民族政策，增强民族团结。"

　　自1985年广西壮族自治区作统一规定后，恭城瑶族就定农历十月十六日为盘王节了。

　　历史上，恭城瑶族过盘王节，先由同村共庙的村寨头人召集大家共同议好庆盘王庙的事宜。首先要指定人酿好酒，养好供庆圣宰杀的肉猪一头，庆庙前头人要到各家各户凑齐庆庙用的钱、米、豆子。接着上街买好经诰、香烛、纸码和敬神供果。最重要的是请好主持庆盘、调神还愿的唱师（过牌戒度的师公），要和他商定人数（5—9人）以及庆神的日期。

　　到了约定日期，头人召集每户一名男子到庙堂参加活动，把事先准备庆庙用的米酒、猪鸡、香烛、供果搬进庙堂，分配哪些人操厨煮食，哪些人打杂办事，哪些人陪伴师公敬神焚香、作揖打卦、调傩跳舞、诵经唱歌。

一切分工定妥，将师公接进庙堂，把庆盘王的神案供台摆好，师公就焚香秉烛，敲响锣鼓，吹响牛角号歌，师公开坛起鼓，庆盘王的庆神活动就正式开始。这三年一度的盘王节，要进行三天三夜，师公做法事 36 套，宰杀鸡鸭 18—36 只，杀牛杀猪各 1 头。还要用轿子抬起盘王塑像，吹起唢呐、长号、牛角，一路吹吹打打，放三响烛台炮，到盘王庙所辖的各个村寨巡游，表示先祖盘王对后裔的庇佑关怀，轿子一抬进村寨，这个村寨的人就放鞭炮迎接盘王，合村男女老少都向盘王塑像作揖致敬。

师公和陪伴师公作法的，围着盘王塑像在岩坪载歌载舞欢跳一阵以示庆贺，然后离村，再往别的村寨巡游。如果庙堂所辖的村寨多，巡游往往要弄到夜幕降临以后才能返回庙堂，虽然辛苦，但谁也不会叫苦叫累，反而其乐融融。

恭城过盘王节内容甚为丰富多样，蕴含浓厚的民族色彩。师公和陪伴敬神的瑶民除念诵《过山榜》、瑶民宗族《家谱》外，还要唱《盘王歌》《还愿歌》《朝踏祖公出世歌》《令公出世歌》《梅山歌》等。

旧时，恭城瑶族过盘王节，不仅虔诚地祭祀盘王，而且借此良机开展弘扬民族文化、进行竞技演艺的娱人活动。活动期间还会开展唱山歌、耍龙狮和跳挞鼓舞等具有民族特色的活动。

相传，挞鼓舞于明朝洪武初年由湖南千家峒传入恭城瑶乡，至今已有 600 多年历史。恭城栗木、观音、西岭、三江等地的瑶族村寨在祭盘王时都要跳挞鼓舞。整个挞鼓舞有 7 个曲目，表演人数为偶数，一般最少要 12 人，最多达 24 人。

表演时，由数人执旗吹牛角做伴舞，其余表演者或吹芦笙，或手击大挞鼓、小挞鼓，敲击大锣。挞鼓舞动作强劲有力，简洁轻快，肢体动感强烈，给祭祀性的庆盘王格外增添了气氛，使盘王节祭祀活动显示出瑶族旷达、昌盛的民族风采。

　　1985年后，恭城多次举行大型盘王节，开展各种民族民间文体活动，宣传民族政策，增进民族团结。

恭城盘王节－莫绍儒　摄

苗王节"庆宝山"

正文 _ 李肇隆　　竖排山歌 _ 宁梓戈

　　"庆宝山"是龙胜马堤、潘内等苗、瑶民众祭祀苗王的传统节日。相传宋朝大将杨业（令公）抗击辽兵屡建功勋、深得皇上器重，惹怒奸臣嫉恨。一次，杨业奉令率兵进剿贼寇，长驱直入，杀进敌军营垒，粮草匮乏失败，撤退时被奸臣陷害被俘，宁死不降而撞李凌碑忠君毙命。后来被封苗王，专门掌管人间的五谷丰收。苗、瑶民众为报答苗王赐福苗、瑶山寨风调雨顺，五谷丰登，生活美好，就在宝山修建了苗王庙，祭祀苗王，俗称"庆宝山"。

　　古时，龙胜马堤、潘内的杨、侯、李三姓的苗瑶同胞，每年的农历三月三或九月、十月就要举行庆宝山，祭祀前朝老祖庆盘王过苗王节的活动。

　　苗王节庆宝山，是苗、瑶信众祭奠民族宗祖的盛大节庆，各村寨的寨老在节庆前就会到各家筹集钱款、粮食、三牲酒礼。备办好肉猪一头，鸡鸭最少18只，多的要达36只，以备敬神做法事之用。此外还要买香烛、纸码、经诰、供果。这种庆典活动每户要有一人参加，并请师公到庙堂，调傩祈祷三天三夜。

　　庆典开始之日，全寨参加活动的人员，集中到庙堂由庆庙主持人分好工，各司其事，把先前准备好的一切敬神物品和粮食、米酒、油盐，以及各种用具搬进庙堂。师公来到庙堂后就立即扎好彩纸牌楼，设立法坛香案，斟上供酒，点烧香烛，摆上供果，一切齐备后，师公就按照三天大庆的祭祀法事进程举行敬神活动。法事除开坛启鼓、发牒、请圣、迎师下马、造楼立寨、架桥冲坛、射日遇龙、开坛唱祖等外，更为隆重热闹的是那敬神娱人、庆贺丰收、祈求吉祥、载歌载舞的调傩唱师活动。

担任这场庄重的敬神娱人活动的师公，必须由娴熟老练的主坛师担当，他要严肃地戴上法帽，穿上花衣，手拿七星宝剑或兵柱棍，步入大堂，在几位乐师敲锣打鼓的伴奏声中，演绎腾跳蹬挪、翻身转绕等舞蹈动作后，接下来就模拟劳动生产的动作，伴着阵锣阵鼓，时停时唱，边调边唱。主坛法师演唱时，香案两旁打击乐器的师公也和着衬腔伴唱，加强乐感，烘托气氛。这种歌唱劳动的唱段具体形象，幽默诙谐。如开唱的劳动引歌唱道：

> 日头落山日头斜，千里岩头郎倒畲，
>
> 小郎把火来烧起，万里深山娘送茶，
>
> 有心送饭晌午到，无心送饭日头斜，
>
> 上去烧死一窝阳鸟仔，下来烧死一窝独婆蛇！

这劳动引歌唱出了苗瑶民族刀耕火种、远在高山劳作的艰辛，垒畲垒地歌则清楚地唱出了劳作的目的。其歌唱道：

> 垒畲郎，陡的垒落平凹场，
>
> 平的拿来开田地，陡的拿来栽高粱。
>
> 垒畲郎，陡的垒落平凹场，
>
> 一手米粮纷纷落，六谷包豆撒两行。

装扮调傩的法师就这般边跳边唱，把整个苗瑶大众耕田种地劳动的全过程都唱了一遍。现在记录下来的过程有"修坝造塘""架笕""修田""锄田""犁田""耙田""挑粪""冲耙""扯秧娘子""插田""打谷"。最后，挑谷子回家的歌唱道：

庆宝山上敬苗王

苗族民众共烧香

怀念令公恩泽在

年年岁岁享蒸尝

棉木扁担两头翘，一对箩筐挂两头，

诸人说谷重扁担断，郎嘻嘻一笑不回头。

棉木扁担两头翘，一对箩筐挂两头；

扁担叭哒断两段，谷子散地我郎皱眉头。

郎皱眉头娘心痛，三捧两捧帮郎把谷收。

留下一些带泥土，叫娘放进罗裙头。

谷子散了来捡起，扁担断了无法挑。

娘说她有巧办法，找来粗棒俩人双双抬起往家走。

这首挑谷歌唱出苗王赐福风调雨顺、获得五谷丰登大好收成的好景象，一对夫妻挑谷子回家时，夫妻先喜后愁，遇到扁担断、谷子洒在地上时，聪明娘子想出巧妙办法，找来一根大木棒，俩人合力把谷子颗粒归仓。该故事述说了平凡夫妻辛勤劳作的生活。法师将挑谷歌唱完，绕堂腾跳曼舞一阵，而后马步离场，乐师们才锣停鼓息。

三天祭祀仪式做完后，法师拆了纸扎排楼到庙堂焚烧倒鼓，庆宝山过苗王节才算结束。大家吃罢散坛酒，主事头人派人将师公送走，大家各自回家，苗王庙堂才恢复原有的平静。

苗族天牛节

正文 _ 李肇隆　　竖排山歌 _ 宁梓戈

每逢农历四月初八，居住在龙胜马堤、伟江、江底、泗水等乡的苗族同胞，就要过一个热热闹闹的天牛节。节日的隆重，气氛的热烈，实在不亚于传统的年节。

为什么苗家把四月初八称为"天牛节"呢？苗族的民间传说是这样的：天牛原来在天宫，过得悠闲自在，一天在南天门玩耍时往地上一看，见苗家人背犁耕田累得死去活来，心里很同情他们的悲惨遭遇，便偷偷地从天宫中搬来了一些好吃的东西送给苗家，因此触犯了天条，被玉皇大帝打得遍体鳞伤，贬到了人间。苗家人知道了天牛为他们受难，心里感激极了，便七手八脚地将天牛抬回了家里，给它精心医治伤口，又让它吃好睡好，细心照料。几天工夫，天牛的伤口就痊愈了，它决心一辈子为苗家拉犁、推磨、积肥，什么事都愿做。为了减轻苗家人的负担，它只吃草，却干最苦最累的活。从此天牛便由天上的挑夫变成了为苗家犁田种地的耕牛。

苗家人为了纪念天牛下凡的日子，便把农历四月初八作为牛的生日，俗称"天牛节"。

这天，苗家除了要给牛喂五色糯饭、鸡蛋、水酒和最新鲜的嫩草外，还规定四月初八前一天和后一天，连续三天是牛的休息日，不准用牛干活，谁违规用牛，不光受众人指责，还要受村规惩罚。以此表示苗家对耕牛的关怀和爱护。为使这天牛节搞得更加热闹，还规定了众人要上街赶圩。

四月初八在苗家
这天耕牛真好要
要吃鸡蛋糯米饭
年年今天牛放假

特色民俗节日

230

苗族祈福还愿节

正文_李肇隆　　竖排山歌_宁梓戈

　　龙胜牛头、里市等苗族村寨，盛行一种传统的祈福还愿节。

　　相传，牛头、里市苗寨的苗族同胞，凡是遇到天旱小雨、粮食歉收，或牲畜患病、人丁不旺的情况，单家独户或同宗若干户常联合起来，携带香烛供果走进庙堂，焚香秉烛，作揖礼拜，向"宝山神"许愿，祈福平安，庇佑百事吉祥。一般到了立冬前几天，就择定吉日举行祈福还愿节。这一传统节庆活动，一般两三年举行一次，也有些村寨连年举办，每次都要持续两天三晚。

　　节庆活动前，无论独家举办还是合族联宗进行，事先都要准备足够的供品酒礼，祭祀的鸡、鸭和一头肉猪，并请师公主持祈福还愿的祭神礼仪。

　　祈福还愿的祭坛，一般都设在祖先神龛前（联宗共祭的则设在祠堂内）。用五彩色纸扎好的竹条编扎成亭廊式的殿坛，再将殿坛放置在祖先神龛供桌前。殿坛内敬供女菩萨，点上茶油灯，焚香秉烛，摆上肉和供果，用茶盘盛上三升三撮白米，米上放一个用纸包若干钱币的封包。殿坛前放上祭祀仪礼用的各种法器。

　　祭"宝山神"开始，师公戴上道帽捆上头扎，穿上法衣，三人在锣鼓声中吹响三长两短的召兵牛角号，款步走上殿坛前作法祈祷。祭时，一人左手持牌印，右手拿法刀，边喃神语，边挪步跳舞，名曰"踏九州"，表示敬神护卫，驱邪除魔；一人吹牛角，表示发兵催马；另一人敲锣擂鼓，表示督阵助威。

　　"踏九州"法事做完后，师公就在殿坛前跳农事舞，即表演修坝造塘、砍竹架笕、做基修田、锄田、犁田、耙田、挑粪、扯秧娘子、插田、打谷、挑谷、砍柴、挖地等动作。每表演一种农事舞蹈，表演的师公边舞边唱，其他师公跟着助唱或衬唱尾句托腔，使歌声更加洪亮悦耳。如表演修坝造塘舞时，便唱道：

　　江边杨柳叶黄黄，扒开杨柳修坝塘，

　　扒开杨柳装把上鱼锁，鱼不上滩难奈何。

　　江边杨柳叶黄黄，扒开杨柳堰坝塘，

　　如果哪个与我扒开水源路，慢慢酬谢媒人两三个。

　　修坝造塘表演完，一阵长锣敲打，师公在殿坛前绕场两圈，扬手一挥，接着就表演伐竹架笕的舞蹈，并高声唱着架笕的歌道：

　　大垌里面有丘田，种好禾苗靠水源，

　　上山砍来大竹子，茅冬架笕种三年。

　　鹭鸶踩断茅冬笕，水打茅花空过年，

　　大垌里面有丘田，茅冬架笕种三年。

　　如果哪个与我扒开水源路，慢慢酬谢你媒银两三钱。

　　一系列农事耕作的场景在师公的边舞边唱中展开。到表演插田时，师公们高声唱道：

　　插田种地急忙忙，手把禾苗插两行，

　　上股插出鱼鳞子，下股插出十八满姑娘。

　　插田种地急忙忙，手把禾苗插两行，

　　十八满姑讲我有手艺，田基曲曲转弯行。

　　插日插到日头斜，十八满姑娘来送茶，

　　左手接娘金茶碗，右手攀娘头上花。

　　插田种地急忙忙，不得闲工夫来看娘，

　　慢慢把田插完了，肩头背伞来看娘。

龙胜山中有苗族
宝山神祇燃香烛
师公跳起农桑舞
年年还愿共祈福

　　表演完插田、打谷，最后就表演挑谷子回家。这些农事舞表演完后，祭祀仪式也随之结束。第二晚，附近各寨的青年男女便成群结队地来看师公调傩，而后大家在愿堂对歌欢庆。

　　歌唱依然以庆祝丰收、祈求吉祥为主要内容，酒歌、花话子（苗族情歌）、卡头呅（苗族拦路歌）、生活歌等为愿堂增添了欢庆气氛。主人对来观看庆愿热闹、对歌的人都会欢迎和感谢，到了深夜还会备办酒菜请他们吃宵夜。

　　祈福还愿节是苗族的喜庆大事，到了最后一天，前来参与活动的亲朋好友都会备办酒、米、糕点、糯粑和封包等礼品来祝贺。主家会杀鸡，宰猪、羊款待宾朋，客人会为受到热情款待高兴不已，主人也会因众人的到来而欣喜。

里市苗族的十房大节

正文 _ 李肇隆　　竖排山歌 _ 宁梓戈

　　龙胜里市的杨姓苗族同胞宗族间甚为亲密团结、互爱友好，宗族间自古就流传源远流长的"十房大节"活动。

　　据有关资料记载，龙胜杨姓苗民宗族意识特别强烈。民族间格外团结友爱，一家有事，众人相帮，这在起新房、集体歌唱的"格哟"（苗语意为讲彩话）中足以为证。如有一首古老的"格哟"唱道：

　　　七月壬子砍菀生钱树，嗬哟！

　　　启起红屋漆柱印寨心，嗬哟！

　　　邵阳新化木匠来启起，嗬哟！

　　　窑州挑瓦来盖过，嗬哟！

　　　也有柱头盖银瓦，嗬哟！

　　　也有金砖垫柱脚，嗬哟！

　　　猪在栏里成狮子，嗬哟！

　　　酒在厨房成龙潭，嗬哟！

　　　砌起七个横楼八天井，嗬哟！

　　　中心留路过往四方，嗬哟！

　　　门前雕起石狮子，嗬哟！

　　　一对文官来相配，嗬哟！

　　　火炉铺起龙凤青石板，嗬哟！

　　　六合红漆大门雕鸳鸯，嗬哟！

　　　门口挂起五彩鸳鸯布，嗬哟！

　　　楼头金钩吊旗锣，嗬哟！

　　　左边也有天井水，嗬哟！

　　　右边也有养鱼塘，嗬哟！

十房大节连宗亲
互敬互帮人欢欣
和睦邻里要谨记
齐心协力事业兴

后背来龙生得好，嗬哟！

面前朝东好配相，嗬哟！

子孙出来都读书，嗬哟！

个个都中状元郎，嗬哟！

这首起屋集体歌唱的"格哟"，充分体现了杨姓苗民光宗耀祖、裕后光前的愿望。所以才会在杨姓的苗寨里世代流传下来，并在每年农历十一月十一至二十日过传统的十房大节。

里市是杨姓苗族较大的村寨，聚居着杨姓十大房族，到了农历十一月祭祀祖先时，从十一月十一日到二十日的十天里，各户按房次排行，分别先后祭祀祖先。即长房户十一日备办三牲酒礼，以猪、鸡、鸭肉为供品；以香烛纸钱、金银制锭为祭品；在祖宗神龛前设案摆供，焚香化纸，作揖跪拜，虔诚地拜祭祖先。次房户十二日拜祭祖先，其他房族户依此类推，从大到小顺次而行。

最后一天（十一月二十日）由末房户拜祭，也是十房大节结束之日，十房各户的户主都要集中到末房户家聚餐，共同畅饮"十房大节"祭奠祖宗的联宗酒。在酒席筵中，大家要把当年出生的小孩性别、奶名、出生日期时辰，详细地登记在族谱上。与此同时，对当年去世的老人的名字、性别、逝世日期时辰、享年岁数、安葬地点、坐落朝向也一一载入族谱。

新中国成立后，传统的十房大节祭祖仪礼虽不断从简，多为一家一户单独祭奠，但宗族间依然保持良好的关系。

侗乡舞春牛

正文 _ 苏韶芬　　竖排山歌 _ 宁梓戈

立春时节，侗寨鼓楼的岩坪上，人头攒动，欢声笑语，人人兴致勃勃地围着观看舞春牛。

春牛舞是龙胜侗族人民祝愿新年五谷丰登的一种民间传统习俗舞蹈。因为牛是农家辛勤的帮手，爱牛是侗家人的传统。爱牛是侗族在生产中养成的一种特殊感情，也是对"神牛"的敬奉。侗乡流传着这样一首歌谣：

春牛来得早，今年阳春好。

要想地生宝，耕牛要养好。

一年一度的立春日，侗家就要在这交春时节，举行"舞春牛"节庆。这天傍晚，参加活动的人，有的拿着锄头，有的操着犁耙，有捉鸭笼的，有背着鱼篓、拿着捞绞的，也有绑着背带背小孩的少妇。众人伴着锣鼓声、鞭炮声，跟着水牛载歌载舞，表演春耕的动作。春牛舞不像舞狮那样翻腾跳跃，而是粗犷、稳健、诙谐有趣。最引人注目的，是那滑稽的背着鱼篓、拿着捞绞的男女少年，他们扮演在禾田里捞鱼的动作，腰弯背拱，一跛一跳，令围观的人无不捧腹大笑，恰到好处地表达出大好年景带来庄稼增产丰收的愿望。

那些扮演驾犁耕作的人，整齐腾跳，动作模仿逼真且有明快的舞蹈节奏感，在众人欢快的"唔喂"声中，把辛勤劳动的春耕景象，生动地呈现在人们眼前。

表演结束后，随着舞春牛的锣鼓声，装扮春牛和驾犁随舞的人，从岩坪走向各家各户。每进到一家堂屋，有模有样地调舞一阵。主人见春牛进门，都欣喜万分，必摆香茶，放鞭炮迎接，表示对"神牛"的敬奉。这种古老传承下来的特殊民俗事象，不失为一种寓教于乐的健康良俗。

　侗家闹春牛－吕建伟　摄

侗族祭萨节

正文 _ 黄钟警　　竖排山歌 _ 宁梓戈

　　农历二月第一个卯日，天刚蒙蒙亮，隆隆的铁炮声驱散了弥漫在田垌上空的晨雾，拉开了龙胜各族自治县乐江乡宝赠村侗族祭萨节的序幕。

　　祭萨节是隆重祭祀侗族大祖母"萨玛"的日子。侗话中，"萨"为"祖母"或"奶奶"，而"玛"则是"大"的意思，把修饰语放在主语后面，是侗族的语法特点。侗人信奉万物有灵，对诸多神灵顶礼膜拜，但其他神祇谁也取代不了萨玛至尊的身份和核心地位。祭萨节不仅是宝赠村每年最隆重的祭神活动，也是一年一度热闹至极的狂欢节。

　　那隆隆的铁炮是在萨坛所在的上寨岩坪上燃放的。作为寨子的小广场，岩坪是大祖母祭坛的延伸，它坐落在上寨的中轴线上。萨坛是一个直径一丈多深的露天祭坛，像一个圆形的天井，用杉木枝条作栅栏团团围起来，不让人畜涉足，践踏这方圣土。虽然萨坛平常没有供着萨玛的神像，只有一圈用石头雕成的古老香炉，仿佛收割后的一片园子，显得有些寥落，但还是让人能想象出它曾经有过的满目葱茏，勃勃生机。这看似简洁、单纯的萨坛，却像一个素净的花环，充满着温柔和肃穆。

　　侗族没有文字，关于萨玛的身世和勋业，有多个口头传说。在流传中，萨玛的女神身份不仅重叠，而且内涵愈加丰富。她是德高望重、恩赐无边、惠及千年的神明，她一生含辛茹苦，操劳有加，虽屡遭挫折，却百折不挠，因此堪称侗人的万世楷模和心灵守护神。千百年来，她像一颗明亮的星辰，在侗族漫长的历史进程和精神疆域里熠熠生辉。而萨坛也因此成为侗乡的村魂寨胆和地标，真切地托举着侗人虔诚的仰望。在侗族人民的心目中，她巍巍乎天地之间，耸耸乎尘嚣之上。

　　据说萨坛下面埋着许多秘密。最普遍的说法是埋着侗族妇女日夜操持的锅碗瓢盆以及纺织用具。这使人想起母亲的家当，想起闺女的嫁妆，想起千家万户生命延续的根基。因此这萨玛不再是缥缈不定、高不可攀的神灵，而是实实在在可敬可亲的日常化神祇，乡亲们都亲昵地称呼她为"萨道"（"我们的奶奶"）。

　　这里大部分人的祖先来自贵州黎平、榕江一带的侗乡，萨坛的神祇也是从那里的萨坛接过来的。因为没有神像，当初接回的是一抔泥土，那抔泥土在这里扩充成一座萨坛后，又被周边的村寨接去再裂变成新的萨坛。像火种燎原，又像谷种繁殖，正是这样，萨玛变成千村供奉的萨玛，萨坛变成万人景仰的萨坛，一代代人体会它所蕴涵的伟大善良、悲天悯人、勤劳勇敢、勇往直前的精神，去感受由此形成的民族亲和力和凝聚力。

　　祭萨节可以说是侗族的妇女节、母亲节，妇女是参与祭祀活动的主体。作为配角，男人们主动承担起繁杂的后勤服务工作，他们比平日任何时候都勤勉。每年这天一大早，他们就给萨坛换上簇新的杉木条，贴上鲜红的对联，以萨坛为轴心，把三角彩旗挂满岩坪的上空，使人联想起青藏高原上那彩幡飘飘的玛尼堆。

　　这一天，所有的畜禽祭品都不能用刀杀。因为救苦救难、悯怜恻隐的萨玛最讲仁慈，不能用血光亵渎她。祭品的选择和制作都很有讲究，尤其是那只摆在祭案上的鸡，其羽毛要像兽毛一样粗硬，背部的羽翎还必须有花纹，代表着原始的强悍、粗犷和刚毅。为了找到这只不寻常的鸡，人们早早就四下打听、探寻。

239

祭品里还必须要有一个七层的蜂巢，被视为萨玛安稳栖身的宫殿，让萨玛少一些风餐露宿、日晒雨淋，同时也寓意着百姓居有定所。另外，为了寄寓萨玛的子孙后代人丁兴旺、福寿康宁，还必须找到一根枝叶茂盛并越涧过河的野葡萄藤当作祭品……

隆隆的铁炮声频频响起，不仅用来宣告时辰，更用来营造喜庆的氛围。上寨祭萨的流程安排为：上午抬着萨玛的神像到周边寨子出巡，让大家一同分享节日的喜悦；走完一圈之后，回到上寨岩坪进行广场民族文艺表演。中午是主人和嘉宾欢聚的百家宴；下午是包括对歌、"哆耶"①、斗画眉等在内的民俗游艺活动。晚上是各村寨都出节目的舞台文艺联欢。活动地点从岩坪延伸到其他"分会场"，活动充满仪式感、神圣感。祭祀活动让侗族的服饰文化、饮食文化、歌舞文化和习俗得以充分展示。

抬着萨玛浩浩荡荡出巡，是祭萨节最大的亮点，而临时制作的萨玛神像则成为出巡活动的焦点。如何把她从历史和心灵的深处呼唤出来，使其端庄朴素、栩栩如生，当然颇费一番苦心。去掉她头上艳丽的光环，制作人就参照平日生活中的侗族妇女形象，用与真人一比一的比例造一个坐像：用干白瓜蒙上纸作脸，用木棍束上稻草作身躯，不穿绫罗绸缎，就穿系腰带的对襟宽袖衣服和百褶裙，系头帕、捆绑腿，用家织的侗布，这一切都提示我们其来自讴歌她的那句歌词——"河头滩尾萨浣纱"！

过去物质十分匮乏，侗族的盛装、便装、劳动装直至戏装，都是

---

① 哆耶：即唱耶歌，一种应和脚步节拍踏歌起舞的侗族圆舞曲。

同一种质地和款式，只是浸透血汗的程度不同而已。她脚上穿的自然是那一辈子颠沛流离、赴汤蹈火、敢于披荆斩棘的"当初鞋"。她的面容是那一张我们十分熟悉、典型的侗族妇女面孔——充满沧桑，却一脸慈祥，还带着恬静和从容。她的嘴角含着和悦的笑意，眼睛闪耀着坚毅和智慧的光芒。她眼角和额头上的一道道皱纹，是她殚精竭虑的痕迹、筚路蓝缕的脚印，是坎坷、泥泞、挣扎、拼搏、迁徙、奋进、突破、延伸的潜台词。她最讲和谐，众人对她坐轿的选材一丝不苟，抬轿子的两根竹竿要求在同一根竹鞭上并排生长，直径大小如一，各个节巴的长短一致。为此，全寨按照乡规民约，加强竹笋竹子的保护，不许乱砍滥伐。

节日里，周边村寨的父老乡亲也像赶圩一样络绎不绝地来了。每个村寨都要毕恭毕敬地燃放几挂鞭炮，每个来者都要虔诚地烧上一炷香，以祈求萨玛护佑平安和风调雨顺，也有不少外地人前来享受这一难得的民族文化大餐，全身心地潜入侗族民俗歌舞的海洋。

隆隆的铁炮声响起了，锣鼓咚咚地敲起了，芦笙悠扬地吹起了。排在队伍前面的萨玛神像起轿了，所有担子都上了肩。今天祭祀萨玛祖先神，我们带着心愿，希望充满亲情和感恩的祭萨玛节能得到更好的传承。

龙胜侗族款会

正文_苏韶芬　　竖排山歌_宁梓戈

　　一座顶上雕饰有宝葫芦的深褐色鼓楼立在寨子中央，它昭示着侗族人民淳朴坚韧的性格。

　　一阵芦笙曲起，十几位手持树枝的汉子围成圆圈，踩着旋律边舞边哼着曲调古朴的歌儿。笙曲刚落，一位白须飘逸的老人，在太阳伞的遮挡下走进鼓楼坪。他身穿古老的祭祀服——百鸟衣，身披红毯，衣边片片羽毛随着身子悠悠摆动，他在太阳伞的遮挡下登上坪中的高台，念起了代代相传的法典——款约。每念一段，众人齐声呼应，群情激昂。这一款约让人依稀想见他们当年起款御敌、惩罚违章越典者的轩昂和庄严。

　　"款"是古代近代侗族社会特有的民间自治和自卫组织。款有款约，它如一部辉煌的民间法典，制约着款众的言行。它对内维持团结、处理纠纷，对外抵御外敌，维护民族的利益。款约大都编成了通俗易懂、朗朗上口的"款词"，每一段款词像一道动听的民歌，使每个人从中汲取知识，了解本民族的历史。

　　平时的款会一般都在农历三月、八月召开，名叫"三月约青""八月约黄"。三月的款会，告诫人们抓紧春耕，不要误了农时，各家要管好牲畜，不能让它们践踏农田。"八月约黄"的款会，则告诫人们要储备粮食，不要暴殄天物。每次都在款会上宣布公约，其余的时间里，若发现有严重违章越典的人，就召集临时款会。款约事无巨细，条条款款结合实际。侗款中有一条"侗人不抢学生"，这一条就是土匪也不能违抗，违者轻则流放，重则杀头。侗款，涉及的不仅是"法"（民间习惯法），还涉及大量知识，如天文地理、民族来源、生产技术等，人们都可在其中找到答案。

款约在侗乡
约青又约黄
民间称法典
定有规与章
沧桑循正道
千秋不能忘
年年有款会
庄严事一桩

　　侗族的款约，紧紧地维系着民族的团结，所以款会呈现出的文化氛围异常浓郁。

　多耶传友情－陆宇堃　摄

侗族牛生日节

正文 _ 陆安顺　杨海标　　竖排山歌 _ 宁梓戈

侗族人为感谢牛对人类做出的贡献，把农历四月初八这一天作为牛的生日来庆贺。这天清晨，农户把牛栏周围打扫干净，同时还要做五彩糯饭。

侗家的五彩糯饭有黑、黄、白、红、紫五种颜色，是地道的绿色食品，制作方法十分讲究。初六、初七这两天，人们从山上采来"杨桐树"（当地俗称）的嫩叶、枫树嫩叶、杜鹃嫩叶、红兰草和黄花等植物，并用水洗净。

红兰草和黄花分别用水煮，其他树叶则分别用石春捣烂、兑水，浸泡一天一夜后，各种颜色加深，这时用纱布滤去碎叶，按照黑、黄、白、红、紫五种颜色，把上等的优质糯米分别浸泡在这五种不同颜色的水桶中。再经过一夜工夫的浸泡后，各种颜色的糯米都泡胀发亮，然后用筲箕将糯米沥干，按颜色一层层地上甑子，用火蒸一个小时便蒸出五彩糯饭来。这种糯饭色泽鲜艳、五彩斑斓、纯正地道、柔软清香。

五彩糯饭蒸熟后，可用菜叶将黑糯饭包成小团塞进牛嘴喂牛，有的人家还用竹筒装米酒喂牛，表示对牛的慰劳和敬意。现在牛生日节在侗乡仍然盛行。

侗家爱牛情更深
五彩糯饭谢牛恩
千言万语说不尽
农耕古俗暖人心

侗乡四月八黑饭节

正文 _ 李肇隆　　　竖排山歌 _ 宁梓戈

　　每年四月初八，侗乡的村村寨寨都沉浸在节日的欢乐之中。这天，天一放亮，人们便杀鸡宰鸭，赶蒸黑糯饭。

　　每到四月初六、初七这两天，人们就要上山采回煮黑饭的树叶，洗净用石臼捣碎，泡在清水中，经几个时辰，水由清变淡色后，滤去叶渣，即成黑饭水。然后，将洗好的糯米用竹篮装好放在蓝水中泡浸一夜，捞起滤干，再倒入木笼里蒸，只需一个钟头，软乎乎、香喷喷、黑亮油光的糯饭便做成了。

　　侗家过黑饭节，由来已久，要讲起来，有个世代相传的故事。

龙胜侗族黑糯节 - 阳锦秀　摄

侗乡黑饭有传说
农妇谎称是毒药
吓得狱卒害了怕
救出丈夫离狼窝

那是很久很久以前的事了。相传有个姓杨的侗寨头人，由于痛恨官府欺压百姓，于是带领侗族同胞举旗起义，后来不幸兵败被俘。他的妻子几次送饭都被狱吏挡了回来。怎么办？

第二天（正是四月初八），她用竹笋壳包了几团黑乎乎的糯饭，走向监牢。狱吏又想当面阻拦，她却镇定自若地说："你们不必阻拦我了，我只不过尽一份做妻子的责任罢了，我送这东西不是望他出狱，而是想快点毒死他，免去一身牵挂，不信你们看看这是什么，来尝尝！"说罢，手抓一团黑饭欲朝狱吏嘴里塞去。那狱吏信以为真，哪敢拿自己的性命开玩笑，赶忙扭头躲开了。就这样，聪明的妻子顺利地把黑饭送给了自己的丈夫。

起义领袖吃了一餐饱饭后，力气倍增，一举拉断狱杆，敲死了狱吏，带着自己的妻子远走高飞了。

后来，侗家为了纪念这位民族领袖和他那机智的妻子，一到四月初八，侗族同胞就不约而同地做起黑糯饭，祈祷他们夫妻幸福。渐渐地，四月初八就演变为侗族的一个盛大节日。

侗族传歌节

正文 _ 陆安顺　杨海标　　竖排山歌 _ 宁梓戈

　　农历七月十二日是桂林市龙胜各族自治县乐江镇宝赠侗乡的传歌节。侗族是歌的民族，流行在宝赠村的传歌节以侗歌为媒介，以歌会友，以歌结缘，传递侗族文化，这盛大的节日为侗家生活添加了一抹靓丽的色彩。

　　七月十二日，宝赠村附近几个侗寨的男女老少穿上节日盛装，汇集到一个寨子。进寨前，作为东道主的寨子要设拦门酒，进寨的客人要唱问答歌或者吹芦笙，你唱我答，歌来酒去，气氛十分热烈。进寨后，大家摆开歌台，亮开歌喉，这一天的侗寨就像歌的海洋，洋溢欢声笑语。

　　传歌节充分体现了侗家特有的风情："侗乡人人爱唱歌，一人开口万人和，唱得青山团团转，唱得天上彩云落。"

　　传歌节在侗寨间轮流主办，今年在这个寨子，明年到那个寨子，杀猪、宰羊，设盛宴，十分热闹。侗族古老的风情、灿烂的文化就这样一代代传承下来。

侗乡人人爱唱歌
一人开口万人和
传歌节里歌师忙
人人会唱心快乐

龙胜侗族杨家节

正文_陆安顺　杨海标　　竖排山歌_宁梓戈

　　龙胜县的侗族地区，每年的农历十一月初一至初七，都有杨姓在过节，不同的是有的过初一，有的过初二，有的过初三或初四、初五、初六、初七，过初一的杨姓家族称"杨初一"，过初二的称"杨初二"，以此类推。

　　从初一开始，属谁家的节日，小孩大人在这天就穿上新衣服，还要打糯米糍粑，杀鸡杀鸭，有的还宰猪宰羊，准备得极为丰盛。出门在外或嫁出去的女儿都要回家吃团圆饭，同时还邀请亲戚朋友和乡亲近邻到家里过节，以示庆贺。早上或晚上要举行隆重的祭祀祖先仪式，儿孙们都要烧香敬祖，然后老少围桌而坐就餐。早、中、晚餐几乎客人不断，大家同桌共席，举杯畅饮，气氛异常热闹。这个节也是侗族杨姓仅次于春节的最大节日，也叫作"杨家将节"。

　　相传杨家将节是这样来的：杨业是北宋抗辽御敌的名将，被誉为"杨无敌"，史载其"军纪严明，屡建战功"，娶妻佘赛花，夫妻二人南征北战，威震天下。杨业与佘赛花生有七子，人称七郎，大郎叫杨延平，二郎叫杨延定，三郎叫杨延辉，四郎叫杨延朗，五郎叫杨延德，六郎叫杨延昭，七郎叫杨延嗣。北宋伐辽战争中，杨业为前部先锋，他带领七个儿子与辽军大战金沙滩，但由于主帅潘仁美和监军王侁的错误指挥，宋军被迫孤军奋战，因敌众我寡，杨业被困两狼山，最后碰李陵碑而死。杨家将惊天动地的壮举，使举国上下为之感动，宋真宗皇帝为感谢杨家将无私奉献、舍身为国的伟大精神，特宣旨每年的十一月为杨家将节。

　　杨家的后人为纪念伟大的先祖，每年都要过杨家节，十一月初一为杨大郎的后裔过节，十一月初二为杨二郎的后裔过节，十一月初三

杨姓家族好主张
共同纪念杨家将
节日继承好传统
依房祭祖祝安康

为杨三郎的后裔过节……杨家节便由此而来。

杨家节是对精忠报国精神的纪念，是千百年来中国人保家卫国、追求和平生活的一种寄托。

侗族百家宴－何绍连　摄

后　记

　　在《时节流转 山水密码——桂林民间节日》一书即将付梓时，我们犹如一同完成了一个心愿，一个桂林市民间文艺家协会多年的心愿。

　　地处"粤头楚尾"的桂林是多民族聚居的地方，民俗风情多姿多彩，民族民间节日更是优秀的民族文化的载体，在历史长河中承载着各族同胞的心愿诉求。这些至今仍存续在桂林各民族民间节日中的民俗事象，集中体现出生活在这片土地上的各族同胞的历史文化意识和民族精神，牵引着我们去触摸遥远的文脉。民间文艺家生活于斯成长于斯，对这块土地既熟悉又充满情感，他们数十年来徜徉在每一个节日中，体验着民族节日那细腻且激情奔涌的内在动力，激发出来的思考和灵感常常使之夜不能寐，笔耕不辍。他们年复一年地在民族民间节日中行走，日复一日地在田野考察中感受民间文化的力量，积累了大量的一手资料，因此这本书展现出的是独特的节日风貌，呈现出的是每一个视角下生动的民俗活动，在我们的眼前组成了一幅美丽而厚重的风情画卷。

　　在撰写和编辑《时节流转　山水密码——桂林民间节日》一书时，我们以民俗节日、特色节日来分类编排，较客观地体现出桂林民族民间节日的整体风貌。虽然难免挂一漏万，但也可以为读者打开一个了解桂林民族民间节日的窗口。

　　在这里，我们诚挚地感谢桂林市文联、广西师范大学出版社对民间文艺家的关心和支持！感谢各县区有关部门的协调与支持！感谢每一个为这本书付出辛勤劳动的作者和同人。

　　因此书编撰时间较为仓促，加之才疏学浅，错误难免，谨望方家指正。

编者

2021.4